事例でわかる

リアル
破産事件
処理

弁護士 永野達也

JN054894

学陽書房

推薦の辞

　『事例でわかる　リアル破産事件処理』というタイトルが表すとおり、本書はモデル事例を軸として破産申立代理人の事件処理をリアルに解説するものである。研究者として倒産法に携わる私にとって、本書で描かれる実務的かつ具体的な事件処理について知る機会は多くなく、申立代理人の活動を仮想体験できる書籍として貴重であると思う。

　破産手続に関する実務書は数多く存在するものの、その多くは破産管財人の立場で適切な事件処理をするという観点から解説するものであり、申立代理人の立場から解説するものは比較的少数にとどまるように見受けられる。

　本書は、申立代理人として破産事件処理に携わる多くの弁護士の道しるべとなり、適正かつ迅速な破産事件処理に資するものとなるであろう。このことは、裁判所や破産管財人といった破産事件に携わる実務家のみならず、債権者をはじめとする利害関係人にとっても望ましいことである。

　本書が破産事件処理に携わる多くの実務家の座右の書として活用されることを願う。

令和5年10月

東京大学大学院法学政治学研究科

教授　松下淳一

はしがき

　本書を手に取ってくださり、誠にありがとうございます。

　本書は、破産手続の申立代理人の業務内容（申立て前の準備から申立て後の対応まで）について、モデル事例を軸として解説しています。モデル事例があることで、より具体的なイメージを持つことができ、破産事件に初めて挑む方にも手続の流れがわかるように心がけました。

　本書は、モデル事例の主人公である若井弁護士のような破産事件初心者の若手弁護士や、そのサポートをする法律事務所事務員の方を想定読者としています。事務員も想定読者に含めている理由は、破産事件は事務作業量が多く、必然的に事務員の協力を要する分野であり、現に破産事件に携わる事務員が多数存在する点にあります。

　なお、本書は東京地方裁判所における破産申立てを念頭に置いて解説しています。東京地方裁判所以外における破産申立ての場合には、適宜、各地域の運用に読み替えていただければと存じます。また、本書はいわゆる自己破産（債務者自身が申立人となるもの）のケースを前提としています。債権者申立てのケースについては説明を省略していますので、本書を読む際にはご留意ください。

　本書の執筆にあたっては、多くの方にお世話になりました。特に、編集者の大上真佑様には、読みやすい書籍にするための数多くのアドバイスをいただきました。また、本業に追われるなか執筆時間を捻出するため、家事育児について家族も協力してくれました。最大の功労者である妻と娘に、本書を捧げたいと思います。

　最後に、本書が一人でも多くの弁護士、事務員の方の支えとなり、適正かつ円滑な破産事件の処理に資することを、心から願っております。

令和5年10月

甘えん坊の猫に肩まで登られつつ

弁護士　永野達也

目次

第3章 申立準備

第**6**章　開始決定後

第2編 | 法人破産の相談事例
－自転車操業の限界－

第1章 法律相談の事前準備

第2章 法律相談本番

第**3**章 申立ての準備

1 申立日の見通し
申立て予定日を決め、準備を進めよう ················ 154

2 申立書の作成
意義を理解して、要点を押さえて作成しよう ··········· 160

3 関係者からの事情聴取、現地確認
資産状況を正確に把握しよう ·············· 162

4 雇用関係の処理
適切なタイミングの解雇で従業員の負担を減らそう ····· 166

5 資産の保全
資産を確実に保全し、散逸を防止しよう ··············· 172

第**4**章 申立後の対応

第1編

個人破産の相談事例

－私の家計は火の車－

事件受任の前に
適切な申立てのために、破産法の理念を理解しよう

モデル事例 ▷ 破産事件ってどんな事件？

〜2024年12月某日、保須法律事務所にて〜

若井：保須先生、無事に二回試験に合格しました。

保須：おめでとう。若井くんなら大丈夫だとは思っていたけれど、
報告の電話をもらうまではちょっとドキドキしたよ（笑）
　　　若井くん、いや、若井先生。いよいよ弁護士デビューだね。

若井：はい、よろしくお願いします！

保須：若井先生には、いろいろな案件で経験を積んでもらいたいと
思っているよ。当面は法律相談なども私と一緒に入ってもら
うけど、いずれはひとりで担当してもらうからね。

若井：はい、承知しました。

保須：おそらく、最初に若井先生にひとりで担当してもらう案件は
個人の自己破産事件になると思う。若井先生は、破産法の勉
強をしたことがあるかな？

若井：破産法、ですか……。すみません、学部生の時に講義は受講
していたのですが、司法試験の選択科目は倒産法ではなかっ
たですし、もう記憶が薄れていて……。

保須：それでは、事務所にある入門書を貸してあげるから、勉強し
ておいてね。
　　　破産法というのは、**一言でいえば、債務を弁済できなくなっ
た債務者と、債務を弁済してもらえなくなった債権者との利
害関係を調整するための法律**だ。
　　　債務者は、本来であれば、自身の負っている債務のすべて
をきちんと履行しなければならない。しかし、その原則を貫

こうとすると、どうしてもやり直しができない人が生じてしまう。そういう人にやり直しのチャンスを与えないと、社会全体としてマイナスになってしまうんだ。

　そこで、債務者に対してやり直しのチャンスを与える代わりに、手持ちの資産でできる限りの弁済をさせることにしたのが、破産手続というわけだ。

　債権者は、本来履行してもらえるはずの債務を履行してもらえなくなるという損害を被ることは確かだ。しかし、破産手続において、きちんと債務者の資産を調査してもらったり、情報を開示してもらったりしながら、適切かつ公平な配当を受けることができる。

若井：そういうことなのですね。でも、やはり債権者としてはマイナスが大きいですよね。

保須：そうだね。万が一にも、債務者が資産隠しなどの不誠実な対応をしていれば、債権者も納得がいかないだろう。だからこそ、破産する債務者は、誠実に破産手続に臨む必要がある。

　そして、債務者の代理人として破産手続を申し立てる代理人弁護士も、きちんと債務者の資産等を調査し、誠実に申立てをしなければならないんだ。

若井：わかりました。先生に教えていただいたことを念頭に置いて破産法を勉強しておきます。

解説

1　破産事件って「弁護士業務の縮図」だ！

　破産事件には、申立人（債務者）をはじめとする、様々な人が携わることになります。そして、それぞれに、破産事件に携わることになった理由があります。

　たとえば、申立人と一言で言っても、負債を負った原因は、浪費やギャンブル、事業の失敗、友人の保証人になったことなど、様々です。また、

債権者にも、金融機関のように破産事件に慣れている人もいれば、ある日突然、取引先に破産されてしまい自身も連鎖倒産の危機に瀕している債権者もいるでしょうし、友人にお金を貸していたところ突然破産の通知が届いたという債権者もいます。

申立代理人は、このような様々な人々と関わり、時には感情をぶつけられながら事件を処理していくことになります。

また、破産事件の処理は、このような泥臭い面だけではありません。たとえば、ある財産が破産財団（換価して債権者への配当に充てるべき財産のこと）に含まれるか否かについて、様々な文献や裁判例を調査して裁判所や破産管財人と協議するといった、高度に知的な作業が求められることもあります。

さらに、破産事件では、申立書の作成や添付資料の収集などの事務作業も多く、事務処理能力も必要となります。

以上のように、破産事件では、弁護士としてのあらゆる能力を要求されます。この意味で、**破産事件は「弁護士業務の縮図」といえる**でしょう。

2 破産法とはなにか

破産手続について定めている法律が「破産法」です。破産法は、1条で目的を定めています。

破産法1条

> この法律は、支払不能又は債務超過にある債務者の財産等の清算に関する手続を定めること等により、債権者その他の利害関係人の利害及び債務者と債権者との間の権利関係を適切に調整し、もって債務者の財産等の適正かつ公平な清算を図るとともに、債務者について経済生活の再生の機会の確保を図ることを目的とする。

「支払不能」の定義は破産法2条11項にあります。詳しい内容は本書27頁で解説しますので、ここでは「債務を弁済していく目途が立たな

くなった状態」とイメージしておいてください。破産法は、そのような状態に陥った債務者の財産等の清算に関する手続を定めています。その手続が破産手続です。

そして、「債権者その他の利害関係人の利害及び債務者と債権者との間の権利関係を適切に調整し、もって債務者の財産等の適正かつ公平な清算を図る」とあるように、債権者と債務者の利害関係を調整することを目的のひとつとしています。

また、破産法は「債務者の財産等の適正かつ公平な清算を図るとともに、債務者について経済生活の再生の機会の確保を図ること」を終局的な目的としています。「債務者について経済生活の再生の機会の確保を図る」という部分は、破産法が債務者の再起のための法律でもあることを意味しています。

以上をまとめると、**破産法というのは、債務を弁済していく目途が立たなくなってしまった人がいたときに、債権者との利害関係を調整しつつ、その人にやり直す機会を与えるためのルールを定めている法律**ということです。

③ 破産手続の大まかな流れ

依頼者から自己破産申立ての依頼を受けると、まずは依頼者の資産と負債の調査をします（7頁の図①）。

調査が完了し、破産原因（破産手続開始決定の要件である支払不能等のこと）があると判断すれば、自己破産の申立てをします（図②）。

申立てを受けた裁判所は、破産原因の有無を検討し、破産原因があると認めると破産手続開始決定をします（破産法30条1項）。

裁判所は、原則として、破産手続開始決定と同時に破産管財人を選任します（破産法31条1項参照）（図③）。破産管財人は、破産者が破産手続開始決定時に有していた財産（破産財団）を管理し、換価して、債権者への配当を目指します（破産法78条1項）。

破産手続開始決定から約3か月後に債権者集会（財産状況報告集会）期日が指定されますので、破産管財人は、破産者や債権者に対して管財

業務の内容を報告します（破産法158条）。管財業務が残っている場合には続行期日が指定されますが、管財業務が完了した場合には配当手続に移ります（図④）。もっとも、配当に足りるだけの破産財団が形成できなかった場合（手続費用を支弁するのに不足する場合）には、異時廃止決定（配当せずに破産事件を終了させる決定）をします（破産法217条1項）（図⑤）。

　また、破産手続開始決定の時点で、すでに手続費用を支弁するのに不足すると認められる場合には、破産管財人は選任せず、破産手続開始決定と同時に廃止決定をします（同時廃止。破産法216条1項）（図⑥）。

　以上が破産手続のおおまかな流れです。ただ、破産手続と密接に関連する手続として免責手続がありますので、あわせて説明します。

　一般的に、破産というと「借金がなくなる」というイメージがもたれています。しかし、厳密にいうと、借金を返済しなくてよくなるには、免責手続を経る必要があります。

　破産手続は、さきほど説明したように、破産者の財産（破産財団）を換価して配当を目指す手続です。これに対して、免責手続は、破産者が破産するに至った経緯等を審査して、免責を許可するか否かを判断する手続です。

　厳密には破産手続と免責手続は別の手続なので、それぞれ申立てをする必要があります（破産法248条1項）。もっとも、あえて免責手続を申し立てない旨表示している場合でなければ、破産手続開始申立てと同時に免責許可の申立てをしたものとみなされます（破産法248条4項本文）。

　破産管財人が選任された事件の場合、債権者集会期日の際に、管財業務の終了報告のあと、破産管財人から免責意見が出されます。破産管財人の免責意見を踏まえて、裁判所は、免責を許可すべきかを検討し、債権者集会期日から1週間程度で免責許可決定をします（図⑦）。

　同時廃止事件の場合、破産手続開始決定の日から約3か月後に免責審尋期日が指定されます。裁判所は、破産者の審尋結果を踏まえて、1週間程度で免責許可決定をします。

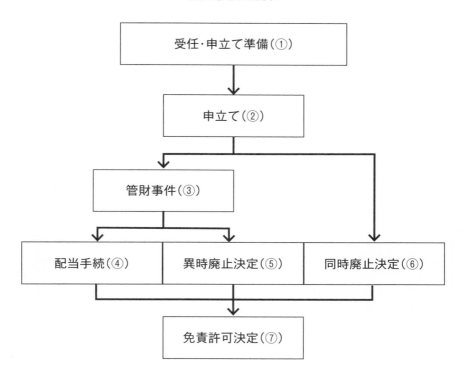

破産手続の流れ

受任・申立て準備（①）

↓

申立て（②）

↓

管財事件（③）

配当手続（④）　異時廃止決定（⑤）　同時廃止決定（⑥）

↓

免責許可決定（⑦）

4 申立代理人の役割

申立代理人は、破産手続を申し立てる債務者の代理人として、債務者とともに破産手続を追行します。

申立代理人の役割は、次の2つの視点から分析することができます。

(1) 依頼者である債務者の利益を守る役割

申立代理人は、債務者から依頼を受けて破産の申立てをします。そのため、依頼者である債務者の利益を守る役割を担います。これは、破産事件に限らず、依頼を受けた弁護士として当然に負う、委任契約における受任者としての役割です。

具体的には、債務者の資産と負債を調査し適切な手続を選択すること、

債務者の代理人として債権者や裁判所、破産管財人との協議を担うこと、といった役割を果たすことになります。

(2) 適切な破産申立てをする役割

さきほども述べたように、破産法は「債務者の財産等の適正かつ公平な清算を図る」ことを目的のひとつに挙げています。

債務者が破産すれば、多くの場合、債権者は自己の有する債権について満足を得られないことになります（本書93頁参照）。破産法において、このような不利益を債権者に負わせることが正当化されるのは、債務者の財産等が適正かつ公平に清算されるからです。逆に言えば、**破産を申し立てた債務者には、自己の財産等が適正かつ公平に清算されるように協力する義務がある**といえます（破産法40条1項1号、41条参照）。

そして、申立代理人は、債務者の代理人として、破産手続によって債務者の財産等が適正かつ公平に清算されるように協力することが求められます。すなわち、**申立代理人には、適切な破産申立てをする役割が求められている**ということです（なお、破産法40条1項2号参照）。

適切な破産申立てとはどういったものでしょうか。たとえば、申立代理人は、破産申立てを不当に遅延させることなく適切な時機に破産申立てをすべきとされています。不当に遅延すると、その間に債務者の財産が散逸してしまい、ひいては破産財団が減少することになってしまうからです。このような、申立代理人が負う債務者の財産散逸を防止すべき法的義務のことを、財産散逸防止義務といいます。この財産散逸防止義務に違反した場合、申立代理人は、破産管財人に対して損害賠償責任を負うことがあり得ます。

また、**破産申立てを不当に遅延することは、依頼者である債務者との関係でも債務不履行になり得ます。不当な遅延は、事件放置として、懲戒事由にもなり得ます。**

5 破産申立てのスキルを磨こう

東京地裁本庁における破産事件数は、平成19年の2万6561件をピー

クとし、以後、減少傾向にあります。もっとも、令和4年の7571件に対して、令和5年は増加の兆しが見られます。これは、新型コロナウイルス感染症の流行に対する、行政による様々な支援等の効果が弱まり、いよいよ破産せざるを得なくなった方が増え始めたからではないかと推測できます。

そうであれば、**今後、さらに破産事件数は増加する可能性があります。**新人弁護士としても、破産申立てのスキルを磨く必要性が高まっているといえるでしょう。

また、東京地裁本庁における管財率（新受件数に対する管財事件の割合）は、平成11年に18.38％であったのに対し、年々増加傾向にあり、令和4年には72.17％になりました。全国平均が40％程度であることに比べて、特に高い割合であるといえます。

この管財率の高さから、裁判所があくまで管財事件を原則と考えており、同時廃止事件は例外的な運用と位置付けていることがわかります。

以前より、東京地裁では、申立時に同時廃止事件を希望したにもかかわらず、調査不足等を理由に管財事件に振り分けられる事例が多くみられました（即日面接通信 vol.28 によれば、令和3年11月の1か月間で、約41.06％が同時廃止事件を希望しながら管財事件相当とされています）。

すなわち、**破産申立てのスキルが不足している場合、本来ならば同時廃止事件とすることができた案件であっても、管財事件に振り分けられてしまい、依頼者に予納金等の負担を強いることになってしまいます。**そして、今後もこの傾向は、より一層強まることが予想されます。

以上のことから、破産申立てのスキルを磨く必要性が高まっているということができます。

実務の鉄則

申立代理人には債務者の利益を守る役割と、適切な破産申立てをする役割がある。申立ての不当な遅延により生じるリスクを理解し、迅速かつ適切な申立てを目指そう。

2

相談者への事前対応
必要資料の持参をお願いしよう

| モデル事例 | 初回法律相談に必要な資料は？ |

～ 2025 年 3 月某日、保須法律事務所にて～

若井：う～ん、どうしよう……。

原井：あら、先生。難しい顔をしてどうされたのですか？

若井：あ、原井さん。実は、保須先生の指示で、自己破産を検討している方の法律相談を私ひとりで受けることになりまして。

　　　でも、まだひとりで破産申立てをしたことがないので、何から手を付ければよいのかと……。原井さんは、パラリーガルとして破産申立てに多数携わっていらっしゃいますよね。何から始めればよいか、教えていただいてもよいですか？

原井：もちろんです。では、まず管轄裁判所はどちらですか？

若井：えっと……（保須弁護士から渡されたメモを確認する）、相談者は 23 区内に住所があるので、東京地方裁判所です。

原井：では、まず東京地方裁判所のひな型を入手しましょう。弁護士会のホームページでひな型データがダウンロードできますが、保須事務所で使いやすいようにアレンジしたひな型がありますから、あとで若井先生にお渡ししますね。

若井：ひな型があるのですね。知りませんでした。

原井：破産申立てをするには、「破産手続開始申立書」「債権者一覧表」「資産目録」「陳述書（報告書）」「家計全体の状況」を作成する必要があります。これらの書類は、裁判所ごとにひな型があるのですよ。

若井：そうなのですね。ありがとうございます。

原井：それと、相談者の方には、資産や負債がわかる資料の持参を

お願いしていらっしゃいますか？

若井：いえ、何を持参してもらえばよいかわからなかったので、これから連絡しようと思っていました。

原井：そうでしたか。破産申立てでは、まずは資産と負債を正確に把握することが大切です。相談者本人から話を聞くのも大切ですが、客観的資料に基づいて着実に進めていきましょう。

　　　法律相談でお話を聞くことで初めてわかることもあるので、最初から全部の資料を持ってきてもらおうと思わなくて大丈夫ですよ。まずは重要度の高い資料からお願いしていきましょう。

　　　たとえば、資産に関しては、預貯金通帳の持参をお願いしましょう。相談者名義のものであれば、現在使っているか否かにかかわらず、すべて持参するように伝えるのがポイントです。

　　　負債に関しては、債権者からの催告状など、債権者の名称、住所、債権額がわかる資料を持参してもらいましょう。

　　　あとは、本人確認書類と、委任契約書や委任状作成のための印章（判子）も忘れずに持参してもらいましょうね。

若井：ありがとうございます。早速、相談者に連絡します。

1 申立書等のひな型を入手する

　裁判所や弁護士会のホームページでは、各種事件のひな型データが公開されています。破産事件のひな型も公開されていますので、まずはひな型データを入手しましょう。

　ひな型データは、地域によって体裁が異なります。どのひな型も、破産法や破産規則などに従って、必要事項が漏れなく記載されるように作られています。そう考えると、どのひな型を使っても問題がないようにも思えます。

しかし、申立てを受けた裁判所は、申立書等を迅速かつ的確にチェックしなければなりません。その便宜を考えると、**管轄裁判所に応じたひな型を入手したほうがよいでしょう**（地域によっては、当地のひな型に沿って申立書等を作成し直すように求められることもあるようです）。

　管轄裁判所が遠方であるなど、ひな型が入手できない場合には、管轄裁判所に当地のひな型でなくてもよいか確認したり、当地の裁判所や弁護士会にひな型の提供をお願いしたりすることも考えられます。

　なお、ひな型のデータは、体裁を大きく崩さなければ使いやすいようにアレンジすることも差支えありません。たとえば、債権者一覧表をExcel で作成する場合は、パソコン入力がしやすいようにセルの設定をアレンジすると便利です。

2　管轄裁判所を把握する

　前述のとおり、破産事件では、早期に管轄裁判所を把握することが大切です。個人の破産申立ての場合、破産者の住所地を管轄する地方裁判所が管轄裁判所となります（破産法5条、民事訴訟法4条）。そのため、**相談者の住所を確認し、管轄裁判所を把握しておきましょう**。

　また、管轄裁判所ごとに、後述する管財事件と同時廃止事件の振り分け基準や郵券、予納金の額など、運用自体にも違いがあります。管轄裁判所がわかったら、当該裁判所の運用についても調べておきましょう。

　なお、東京地方裁判所では、従来、厳密には東京地方裁判所の管轄ではない事件であっても、申立てがあれば却下せず、事実上受け入れていました。しかし、ひな型を改定して「管轄に関する意見」欄を設け、平成27年5月1日以降は管轄の有無を丁寧に審査する運用になりました（即日面接通信 vol.18）。そのため、管轄ではない事件を東京地方裁判所に申し立てようとすると、東京地方裁判所に申し立てる理由を確認されたり、管轄裁判所へ移送されたりすることになるでしょう（破産法7条）。

3 相談者に資料を持参してもらう

　せっかく法律相談をするのであれば、より効率的に行いたいものです。そのために、持参してもらう資料を事前に伝えておきましょう。

　必要な資料は、大きく分けると(1)資産に関する資料、(2)負債に関する資料、(3)その他の資料の3つに分けられます。

(1) 資産に関する資料

　毎月の収入、預貯金、保険の解約返戻金、自動車、不動産といったものの存否や価額を把握する必要があります。そのため、資産に関する資料として、たとえば、給与明細や源泉徴収票などの収入に関する資料、保険証券、自動車等の登録事項証明書、不動産の登記事項証明書などの資料が挙げられます。

　これらの資料を最初からすべて持参するよう求めてもよいのですが、往々にして抜け漏れが発生してしまうものです。法律相談で話を聞く中で新たな資料の存在が明らかになることも少なくありません。そのため、最初から抜け漏れのない完璧な準備を求めることは現実的ではありません。まずは重要度の高い資料から確実に押さえていきましょう。

　資産に関する資料のうち、最も重要な資料は預貯金通帳（取引履歴）です。取引履歴を見ることで、おおよその収支を把握したり、本人の失念していた資産や負債等の発見につながったりします。

　そのため、残高の有無や最近使ったか否かにかかわらず、**相談者名義の預貯金通帳はすべて持参してもらいましょう。**

　最近は、紙の通帳を発行していないケースも増えてきています。この場合でも、少なくとも直近2年分（24か月分）の取引履歴はホームページ等から取得できるはずですので、印刷して持参してもらいましょう。

　私の場合は、「ご自身名義の預貯金通帳を、最近使っていない口座も含めて全部持ってきてください。あらかじめ記帳もお願いします。ウェブ通帳の場合は、直近2年分の取引履歴を印刷して持ってきてください」というようにお伝えしています。

　このように伝えても、持参を忘れてしまうことはありますし、「紙の

通帳しかないが、紛失してしまった」「何年も使っていないため記帳ができなかった」というケースや、ウェブ通帳の印刷ミスで印字されない取引部分ができてしまったケースは散見されます。このような場合でも、預貯金口座の存在がわかっただけ良しとして、順次、追完してもらいましょう。

(2) 負債に関する資料

　個人破産の場合、債権者の多くは消費者金融やクレジットカード会社といった貸金業者です。貸金業者は、取引履歴を保存し、開示する義務を負っています（貸金業法19条、19条の2）。負債の詳細は、貸金業者に対して取引履歴を開示してもらえば把握することができます。そのため、**特に初動では、誰に対して負債があるか（債権者の名称、住所等の連絡先）を把握することが大切です。**

　負債に関する資料のうち、最も重要な資料は債権者からの催告状などの債権者の名称、住所、債権額がわかるものです。

　なお、貸金業者以外に親族や友人などの個人から借入れをしているケースもあります。この場合には、金銭消費貸借契約書があれば持参してもらい、少なくとも氏名と住所等連絡先の把握に努めましょう。

　私の場合は、「債権者から届いている手紙があれば、手元にある物をとりあえず全部持ってきてください。手紙がない債権者については、債権者の連絡先などがわかる資料を持ってきてください」とお伝えしています。

(3) その他の資料

　破産申立てに必要な資料として、委任状や住民票などがあります。これらの資料は、法律相談時に用意しなくても、申立てまでに用意すれば足ります。

　なお、住民票は申立前3か月以内に発行されたものでなければなりません。そのため、預貯金口座の取引履歴などの収集に時間がかかってしまうと、取得し直すことになってしまうので気を付けましょう。

　以上をまとめると、相談者に持参してもらう資料は次の通りです。

■相談者に持参してもらう資料等

①資産に関する資料
- ☐ 預貯金口座の通帳又は取引履歴（直近2年分）
- ☐ 給与明細（直近2か月分）又は源泉徴収票（収入がわかる資料）
- ☐ 保険証券
- ☐ 自動車等の登録事項証明書
- ☐ 不動産の登記事項証明書

②負債に関する資料
- ☐ 債権者からの催告状
- ☐ 金銭消費貸借契約書
- ☐ その他債権者の氏名、連絡先がわかる資料

③破産申立て全体に関するもの
- ☐ 印章（委任契約書や委任状に押印してもらうため）
- ☐ 運転免許証などの身分証明書（本人確認及び住所確認等のため）
- ☐ 住民票（世帯全員分・本籍・続柄・筆頭者の記載あり、マイナンバーの記載なし、発行から3か月以内のもの）

⚖ 実務の鉄則

まず、相談者の住所を把握して、管轄裁判所に応じた申立書等のひな型を入手しよう。相談者には、預貯金通帳などの資産に関する資料や、催告状などの負債に関する資料の持参をお願いしよう。

事前の情報収集は超重要

　本文でも述べたとおり、破産手続は地域によって書式や運用を異にします。円滑な破産申立てのためには、管轄裁判所の書式や運用を事前に確認して進めることが大切です。

　東京地裁への申立てであれば、東京弁護士会倒産法部編『破産申立マニュアル〔第2版〕』（商事法務、2015年）が非常に参考になります。また、裁判所や破産管財人と協議する場面では、裁判所や破産管財人の考え方を知っておくことが有益です。その観点から、中山孝雄・金尾秀樹編『破産管財の手引〔第2版〕』（金融財政事情研究会、2015年）や、全国倒産処理弁護士ネットワーク編『破産実務Q&A220問』（金融財政事情研究会、2019年）が手元にあると安心です。

　また、東京地方裁判所では、中目黒庁舎の書記官室の書類ラックに「即日面接通信」や「破産受付係からのお願い」、「破産事件の手続費用一覧」といったレジュメを適宜配置しています。これらのレジュメには、申立書の記載に関する注意事項や、資産等調査上の注意点などがまとめられているため、必読資料といえるでしょう。破産事件の手続費用（特に、予納郵券と官報公告費用）については、郵便料金や消費税の変更に伴って変動することがあります（本書刊行時の手続費用は次表参照）。その際には事前にレジュメで情報提供がされますので、中目黒庁舎に行った際には新しいレジュメが配置されているか確認するとよいでしょう。

　ほかにも、日本弁護士連合会総合研修サイト（eラーニング）には様々な講座の情報がアップされていますし、各弁護士会において定期的に破産事件に関する研修が実施されていることと思います。これらの研修に参加すれば、最新情報や気を付けるべきポイントを短時間で学ぶことができるでしょう。

■申立手数料・予納郵券・官報公告費用

1 申立手数料（貼付印紙額）

個人破産（免責許可申立て含む） 1500 円

法人破産 1000 円

債権者申立て 2 万円

2 予納郵券

(1)自己破産申立て

210円	8枚
140円	1枚
84円	29枚
10円	12枚
2円	10枚
1円	4枚
合計	4400円

※ただし、大型合議事件は(2)と同じ 6000 円。

(2)債権者申立て

500円	4枚
100円	15枚
84円	25枚
50円	4枚
10円	15枚
5円	5枚
2円	10枚
1円	5枚
合計	6000円

3 官報公告費用（管財事件は別途引継予納金（20 万円以上）を要する）

	電子納付、振込納付、霞が関で現金納付	中目黒で現金納付
同時廃止事件	1 万1859円	1 万2000円
管財事件(個人)	1 万8543円	1 万9000円
管財事件(法人)	1 万4786円	1 万5000円

出所：令和 5 年 4 月 1 日付「破産事件の手続費用一覧」

1

倒産手続の選択
各手続を理解し、適切な手続を選択しよう

モデル事例 相談者に相応しい手続は？

〜2025年4月某日、保須法律事務所にて〜

若井：こんにちは、本日はお越しくださりありがとうございます。

日車：よろしくお願いいたします。

若井：法律相談カードの記入もありがとうございます。お越しいただいているのは、日車さんですね？

日車：はい。

若井：ご本人確認のため、運転免許証などの写真付きの身分証明書があればご提示をお願いします。

日車：わかりました。運転免許証があります。

若井：ありがとうございます。こちらは、後程コピーを取らせていただきますね。

　　　本日は、自己破産をご検討ということでしたね？

日車：はい、そうです。借金が多くて、このままではとても生活していけなくて……。

若井：わかりました。まずは現在の日車さんの状況について、いろいろと教えてください。

【聴取した日車さんの情報】

- 63歳、男性
- 妻（62歳、パート）と2人暮らし
- 職業：会社員（定年後再雇用）
- 月収：20万円
- 負債総額：800万円
- 債権者数：5社
- 毎月の返済額：5万円
- 自宅：賃貸（家賃月額10万円）

若井：なるほど、状況はわかりました。

　　　破産をすると、たとえば警備員や宅地建物取引主任者など の資格が制限されてしまうのですが、現在のお仕事は、そう いった何かしらの資格を要するものではないですね？

日車：はい、特に資格は必要ありません。

若井：ご自宅も賃貸とのことなので、住宅ローンなどはありません ね？

日車：はい。

若井：過去7年以内に破産をしたことはありますか？

日車：いいえ、ありません。

若井：（個人事業主ではないから、事業継続を考える必要はないな。 自宅も賃貸だから、持ち家の維持を考える必要もない。過去 7年以内の破産免責もないから、免責も期待できそうか ……）

　　　お話を伺う限り、たしかに破産申立てが適切のようですね。 破産申立ての準備のために、詳しくお話を聞かせてください。

日車：はい、よろしくお願いします。

解説

1 まず本人確認を行う

　法律相談の際は、本題に入る前に相談者の本人確認をしましょう。特 に破産事件の場合、遅くとも受任時には依頼者の本人確認をしておくこ とが望ましいです。本人確認の必要性と確認方法については、日弁連の 規程及び規則が定めています。

　「依頼者の本人特定事項の確認及び記録保存等に関する規程」及び同 規則により、弁護士は、一定の場合には、依頼者の本人特定事項の確認 と記録の保存をしなければなりません（依頼者の本人特定事項の確認及 び記録保存等に関する規程2条、5条）。

　この趣旨は、犯罪収益の移転防止等の職務の適正を確保する点にあり

ます（同規程1条）。

　依頼者の本人特定事項の確認等が必要な場合とは、類型的にマネー・ローンダリングのおそれがあるとされる、資産管理行為等（同規程2条1項、同規則2条）と、不動産売買等の列挙事項（同規程2条2項各号）をいいます。

　資産管理行為等とは、①依頼者の金融機関の口座を管理し、又は②依頼者からもしくは依頼者のために金員、有価証券その他の資産（その合計が200万円以上のもの）を預かり、もしくは③その管理を行う場合をいいます。

　破産事件との関係でいうと、たとえば、依頼者の預貯金通帳を預かって出入金の管理をしたり、裁判外で200万円以上の過払金を請求し預り金口座への支払いを受けたりする場合には、資産管理行為等に該当することになります。

　資産管理行為等をする場合には、本人特定事項の確認が必要になります。本人特定事項とは、自然人の場合は氏名、住居及び生年月日をいい、法人の場合は名称及び本店又は主たる事務所の所在場所をいいます。

　本人特定事項の確認方法は、同規程2条3項に規定されています。基本的には、自然人の場合には運転免許証などの写真付きの身分証明書、法人の場合には登記事項証明書によって確認することになるでしょう。

　本人特定事項の確認は、資産管理行為等に際して行うものとされています。すなわち、事前に行うことが必要なわけではなく、また、合理的な範囲内であれば事後の確認も可能と解されています。もっとも、無用なトラブルを避けるためには、受任時に本人特定事項の確認を済ませてしまうのが穏当です（本人特定事項の確認から実際に資産管理行為等を行うまでの間が5年以内であれば、改めて本人特定事項の確認をする必要はありません。同規程2条4項1号）。

　本人特定事項の確認をしたときは、「当該確認に関して規則で定める内容を記載した書面を作成」し、「依頼者から提示を受けた書類の写し……を当該資産管理行為等又は当該取引等の終了後5年間保存」しなければなりません（同規程5条1項）。

　「当該確認に関して規則で定める内容を記載した書面」とは、要するに、

誰が、いつ、どのようにして本人特定事項の確認をしたかを記載した書面をいいます。これについては、日弁連のホームページにひな形がありますので、それを活用すると便利です。法律相談カードとしても活用できますので、相談前の待ち時間を使って、依頼者に氏名や住所、生年月日、電話番号等を記入しておいてもらうとよいでしょう。

　そして、依頼者から提示を受けた運転免許証などのコピーを取り、資産管理行為等などの終了後5年間保存することになります。

補足解説

「すみません、間違えました……」を避けるために

　依頼者の顔写真付き身分証明書のコピーを保存することは、本人特定事項の確認等をするうえで必要というだけでなく、事件処理にも役立ちます。

　恥ずかしながら、私は、人の顔と名前を覚えるのが苦手です。定期的に顔を合わせる依頼者であればまだしも、債権者集会や免責審尋のために数か月ぶりにお目にかかる依頼者となると、正直、顔と名前が一致しないことがあります。

　そのため、待合せ場所に近づくと、依頼者の携帯電話に電話をかけ、「そろそろ待合せ場所に着くのですが、もういらっしゃっていますか?」と確認しつつ、依頼者を特定するという手法をよく使っていました。

　しかし、依頼者の顔写真付き身分証明書のコピーを保存しておけば、このような手法で依頼者を特定する必要もありません。私のように顔と名前を覚えるのに自信のない方は、本人特定事項の確認等の遵守の意味も含めて、顔写真付き身分証明書のコピーの保存をお勧めします。

2 倒産手続には種類がある

　若井弁護士は、日車さんの案件について、破産手続が適切と判断しました。

　そもそも破産を含む倒産手続には、様々な種類があります。依頼者から相談を受けた弁護士は、それらの手続のうち、どの手続が依頼者に適しているかを判断し、提示する必要があります。以下では、倒産手続にどのような種類があるのか、どのような場合にどの手続を選択するのが適切かについて解説します。

　倒産手続には、大きく分けて**清算型**と**再生型**の2種類があります。

　清算型とは、「今ある負債を、今ある資産で支払う」タイプの倒産手続です。「今ある資産で支払う」ことになるため、原則として、手持ちの資産をすべて売却して配当に回すことになります。清算型手続の主たる例は破産手続です。

　再生型とは、「今ある負債を、将来の資産（収入）で支払う」タイプの倒産手続です。「将来の資産（収入）で支払う」ことになるため、生活や事業継続に必要な資産を手元に残すことができます。その反面、清算型を選択した場合と比較して弁済額が大きくなります。再生型手続の主たる例は再生手続です。

　また、裁判所を介した手続（**法的整理**）か、裁判所を介さず当事者間の合意により進める手続（**私的整理**）かという区分もあります。先ほど述べた破産手続や再生手続は、法的整理です。私的整理は、法的整理と比べて、当事者間の合意によって進められるため自由度が高いというメリットがある反面、「早い者勝ち」を防げない（強制執行等を制限することができない）というデメリットがあります。

3 各手続の特徴を押さえる

(1) 破産手続の特徴

　破産手続のメリットは、**比較的手続が簡単で、早期に終わること、再生手続に比べて費用が抑えられること**です。

破産手続の場合、順調に進めば、受任から申立てまでに3か月程度、申立てから免責許可決定が出るまでに3か月程度ですので、6か月程度で手続が完了します（ただし、資料収集に時間がかかるため、申立てまでに長期間を要してしまう事案もあります）。

　また、同時廃止事件だと、弁護士費用を除けば、予納郵券や印紙代、官報公告費用を合わせても2万円弱の負担で済みます。他方で、管財事件になると、引継予納金として最低20万円が別途かかります（本書17頁）。

　破産手続の場合、原則として手持ちの資産をすべて売却することになります。もっとも、生活必需品などは、差押え禁止財産のため売却せずに済みます（破産法34条3項2号）。また、裁判所ごとに換価不要財産の基準が定められています。

　これに対して、再生手続の場合、申立てから再生計画認可決定までに6か月程度を要するため、受任から申立てまでの期間を考慮すると、9か月以上の期間を要します。また、再生計画認可決定確定後は、再生計画に基づく弁済をしていかなければなりません（通常の民事再生で原則10年間、個人再生で3年間。民事再生法155条3項、229条2項2号、244条）。

　また、再生手続では、破産管財事件以上の予納金が必要になります。破産した場合の配当額以上の弁済をしなければなりません（清算価値保障原則。民事再生法174条2項4号）し、個人再生では最低弁済額以上の弁済をしなければなりません（民事再生法231条2項3号、4号、241条2項5号）。

　このように、破産手続のほうが、手続の簡易さ、手続完了までの期間の短さ、費用の面でメリットがあります。

　他方で、破産手続のデメリットは、①事業を継続できないこと、②価値の高い資産（持ち家など）を維持できないこと、③資格制限があることが挙げられます。

　資格制限にかかるもののうち主要なものについて一覧表を掲載するので、見落としがないように気を付けましょう。

　これらの資格制限は、破産法ではなく、それぞれの資格について定め

た個別法で規定されています。一覧表にはあくまで主要なもののみを掲載しています。一覧表にない場合でも、資格制限の有無が気になった際は、関連法規を調べるなど事前に確認しておくことをお勧めします。

　後見人なども資格制限にかかります。そのため、親の介護等の関係でこれらの資格を要していないかも確認する必要があります。

　破産法上の資格制限は、免責手続が完了して復権するまで続きます。そのため、現時点で資格制限にかかる資格がなくても、直近で資格を必要としている場合には注意が必要です。

■破産により資格が制限されるもの

〈士業関係〉

・弁護士（弁護士法7条4号）

・司法書士（司法書士法5条3号）

・公認会計士（公認会計士法4条4号）

・税理士（税理士法4条2号）

・行政書士（行政書士法2条の2第2号）

・社会保険労務士（社会保険労務士法5条2号）

・土地家屋調査士（土地家屋調査士法5条3号）

〈会社員等でも保有していることがある資格〉

・警備員（警備業法3条1号）

・宅地建物取引主任者（宅地建物取引業法5条1項1号、18条1項2号）

・旅行業務取扱管理者（旅行業法6条1項6号、26条1項3号）

・生命保険募集人（保険業法307条1項1号）

〈親族等との関係で保有していることがある資格〉

・株式会社の役員等（会社法330条、民法653条2号）

・遺言執行者（民法1009条）

・後見人、後見監督人（民法847条3号、852条）

・保佐人、補助人（民法876条の2第2項、876条の7第2項）

など

(2) 再生手続の特徴

　再生手続のメリットは、①事業を継続できること、②価値の高い資産（持ち家など）を維持できる可能性があること、③資格制限がないこと、が挙げられます。

　①は、法人や個人事業主の場合に重要なポイントになります。

　②は、特に住宅ローンの付いた自宅を所有している方の場合に重要なポイントになります。再生手続では、再生計画に住宅資金特別条項（民事再生法196条4号）を設けることで、住宅ローンを別途支払い続ける代わりに住宅を維持することができるのです。

　③は、破産手続の場合に生じる資格制限が、再生手続の場合には生じないということです。

　再生手続のデメリットは、破産手続に比べると手続が複雑で、長期間を要し、費用もかかることです。

4 どのように手続を検討すればよいか

　弁護士は、各手続の特徴（メリット・デメリット）を踏まえたうえで、目の前の依頼者にどの手続が適切なのかを判断し、提案することになります。

　個人の依頼者の場合における手続選択のポイントをフローチャート形式にしたものを掲載しておきます。ここに書いてあるポイントがすべてではありませんが、一般的な案件については、おおむねここに書いてあるポイントをチェックしつつ手続選択をすることになるでしょう。

　フローチャートでも記載したとおり、再生手続は、依頼者に重篤な免責不許可事由があり、裁量免責も期待できない場合であっても利用することができます。もっとも、破産手続開始決定前の免責不許可事由については、本人が真摯に反省していれば、ほとんどの場合、裁量免責相当になるとの意見もあります（野村剛司編著『実践フォーラム破産実務』（青林書院、2017年）278・285頁）。この点については、本書61頁〜63頁を参照しつつ、裁量免責の余地の有無を慎重に検討して判断する必要があります。

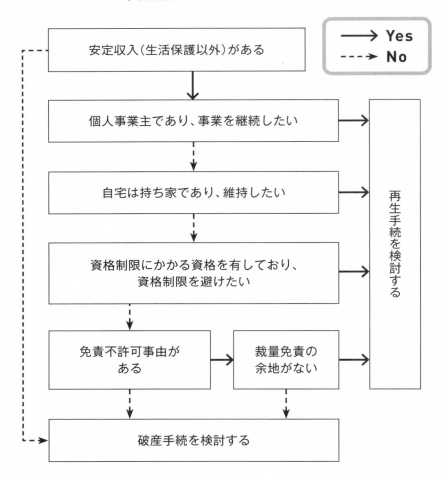

手続選択のフローチャート（個人）

安定収入（生活保護以外）がある

→ Yes
- - → No

個人事業主であり、事業を継続したい

自宅は持ち家であり、維持したい

資格制限にかかる資格を有しており、
資格制限を避けたい

免責不許可事由が
ある

裁量免責の
余地がない

再生手続を検討する

破産手続を検討する

　その他、破産手続に対するイメージや誤った理解（破産したことが戸籍に載る、選挙権がなくなる等）から、破産手続を望まない方もいます。そのような場合には、誤った理解を正し、メリット・デメリットを踏まえた判断を促すようにしましょう。

　若井弁護士は、日車さんに安定収入があるものの、個人事業主ではなく、自宅も賃貸であり、資格制限にかかる資格を有していないうえ、免責の余地がある（本書62頁、114頁で解説するとおり、免責不許可事

由のうち7年以内の免責取得は、該当すれば常に管財事件とされるため、特に優先して確認すべき事項です）と考えたことから、破産手続が適切と判断しました。

　なお、法人の依頼者の場合は、本書151頁の手続選択フローチャートをご参照ください。

5　支払不能・支払停止・債務超過とはなにか

　手続選択に関連する事項として、破産原因について解説しておきます。

　破産手続開始決定を受けるためには、破産原因が認められる必要があります（破産法30条1項）。破産原因とは、自然人の場合は「支払不能」であることです（破産法15条1項）。

　支払不能とは、「債務者が、支払能力を欠くために、その債務のうち弁済期にあるものにつき、一般的かつ継続的に弁済することができない状態」をいいます（破産法2条11項）。

　以下のチェックリストに従って、支払不能といえるか否かを確認するとよいでしょう。

■支払不能といえるかを確認するためのチェックリスト

> ① 「支払能力を欠くために」
> □　継続して弁済していけるだけの財産がない
> □　新規借入や弁済の繰り延べによって正常な資金繰りができない
> □　労務による将来収入によって継続して弁済していけない
>
> ② 「一般的かつ継続的に弁済することができない状態」
> □　弁済期にある債務についてそのすべてを支払えるだけの資産等がない
> □　当面の支払はできるとしても継続して弁済していける状態にない

　また、支払停止がある場合は、支払不能が推定されます（破産法15

条2項)。支払停止とは、支払不能状態にあることを外部に表示する行為をいいます。典型例は、弁護士が破産手続開始申立ての代理人に就任したことを債権者宛に通知する行為（受任通知の発送）です（なお、最判平成24年10月19日判時2169号9頁参照）。

なお、法人の場合には、債務超過も破産原因となっています（破産法16条1項）。債務超過とは、プラスの財産（資産）とマイナスの財産（負債）を比較して、マイナスのほうが大きいことをいいます。

補足解説

「破産したことを周りに知られたくない」は可能か

依頼者に破産手続を勧めた際に、「他の人に破産したことを知られたくないのですが、家族や勤務先に知られずに済むでしょうか」と質問されることがあります。

破産手続開始決定は官報で公告されます（破産法32条1項、10条1項）。そのため、ある人が破産したという事実は、理論上は誰もが知ることができます。もっとも、金融機関等でもない限り、官報の裁判所公告欄を定期的にチェックしている人は稀です。

同居中の家族に知られるとすれば、申立代理人とのやり取りに関するメモ等が目に触れたり、頻繁に届いていた債権者からの催告状が突然届かなくなったことに違和感を覚えたりすることがきっかけになることが多いと思われます。

また、家計全体の状況（本書67頁参照）は、家計を共にする世帯全体の分を合算して記載します。そのため、同居中の家族についても収入や支出を把握する必要があります。

このような理由から、私の場合は、同居中の家族に破産したこと（すること）を知られたくないという依頼者の気持ちに理解は示すものの、知られないようにするのは非常に困難であることを説明したうえで、今後の生活再建にあたって家族のサポートは必須であることから、むしろ折を見てきちんと家族と話し合ったほうがよいと助言しています。

これに対して、勤務先については、破産したことを知られる可能性は高くないといえるでしょう。もっとも、勤務先からの借入があれば、勤務先は債権者として破産の事実を知ることになります。

　なお、仮に勤務先が破産の事実を知ったとしても、破産したことのみを理由として従業員を解雇することはできません（労働契約法16条参照）。ただし、資格制限によって勤務自体ができなくなるような場合には、解雇が有効になるケースもありますので注意が必要です。

 実務の鉄則

倒産手続には種類があり、それぞれにメリット・デメリットがある。相談者の資産状況や職業をよく聴取し、ベストな手続を選択しよう。

2

負債の確認
親族等からの借入と保証債務に注意しよう

| モデル事例 | 負債についてどのように尋ねればよい？ |

～引き続き、保須法律事務所にて～

若井：まずは負債について確認させてください。こちらの一覧表に、誰に、いくらの負債があるか書き出してみていただけますか？　それと、債権者から届いた催告状など持参いただいていたら、その間にコピーを取らせてください。

日車：わかりました。

　　　　　　：

若井：ありがとうございました。……ふむ、一番古い借入は2006年頃ですか。

日車：はい、ちょうどこの頃、うつ病になってしまい、当時勤めていた会社も辞めて収入がなくなってしまったため、生活費を補填するために借入をしました。

若井：借入の時期が2006年の何月頃かはわかりますか？

日車：ええっと……いつだったかな……。

若井：会社を辞められたのはいつでしょうか？

日車：たしか、2006年の7月末ですね。……そうだ、それでしばらくの間は貯金を切り崩して生活していたけれど、年末になって生活費が足りないと思って借金を始めたのです。

若井：ということは、2006年の12月頃が最初の借入ということですか？

日車：はい、そうです。お話をしているうちに思い出しました。

若井：この「株式会社カシテル」という債権者は、何の会社ですか？

日車：以前住んでいた賃貸住宅の賃貸人です。原状回復費用がかな

りかかってしまって、支払えていないままです。

若井：引っ越しをしたのはいつですか？

日車：15 年ほど前ですね。

若井：そうでしたか。この債権の消滅時効は 5 年間と思われるので、時効消滅している可能性があります。負債を調査する際には気を付けておきますね。

　　　一覧表に書いていただいたもの以外に負債はないですか？たとえば、親族やご友人から借りているものはないですか？

日車：えぇっと……たしか、ない……はずです。

若井：（歯切れが悪いな……。言い出しにくいだけで、本当はあるのかもしれない。折を見て再度確認してみよう）

　　　あとは、誰かの保証人になっているということはないですか？　たとえば、奨学金とか。

日車：保証人にはなっていないと思いますが……。あ、そういえば、10 年ほど前に、甥っ子の奨学金について、保証人になってほしいという話があったような気がします。細かいことは忘れてしまったのですが……。

若井：そうでしたか。もしかしたら保証人になっているかもしれませんので、ご自宅に帰られたら改めて確認してみてください。

日車：わかりました。

解説

1 概要を把握してから細部を詰める

　まずは依頼者に債権者一覧を書き出してもらうとよいでしょう。ひな型の債権者一覧表をプリントアウトして、手書きで書いてもらいます。

　書いてもらった債権者一覧表は、そのまま裁判所に提出するわけではありません。記憶違いの可能性や、抜け漏れがあるかもしれないからです。内容に誤りがあるかもしれないという前提で、一つひとつチェックする感覚で詳細を尋ねていくのが適切です。

内容を確認していく際の指針になるのは、客観的資料です。**依頼者に持参してもらった催告状等の客観的資料をもとに、借入の時期や金額を埋めていきましょう。**

　また、後に説明する預貯金口座の取引履歴から、依頼者本人も忘れていた債権者への弁済が発覚することもあります。

　借入の原因や使い道もあわせて確認することで、依頼者が破産せざるを得なくなるに至ったストーリーを把握することができます。ストーリーを把握することで、借入の時期等をより正確に特定できることがあります。また、ここで把握したストーリーは、後に説明する報告書の「破産申立てに至る経緯」欄の記載のベースになります。

　この段階では、**正確性よりも全体像を把握すること**を心がけます。なぜならば、借入の時期や金額については、依頼者本人の記憶よりも債権者から送られてくる債権調査票（債権者に作成してもらう、取引内容や残高を記入する書面）のほうが正確であることが通常であり、この段階で正確性を追求する実益が乏しいからです。

　そのため、この段階で気を付けるべきポイントは、**①債権者名と連絡先を確認してなるべく漏れがないようにすること**、**②おおまかな負債額等を確認して方針を立てること**の2点です。

2　消滅時効、過払いの有無等を確認する

　負債調査の初期段階では、①消滅時効の援用等により債権者一覧表から削除できる債権者がいないか、②過払金が存在しないかを確認しておくとよいでしょう。この2点の結果次第では、その後の方針が大きく変わることがあるからです。

(1) 消滅時効等

　最終取引から5年以上経過している債権者については、消滅時効が完成している可能性を検討しておく必要があります（民法166条1項1号。なお、2017年の債権法改正によって時効制度も改正されているため、改正前後いずれの法律が適用されるかに注意しましょう）。

このような債権者がいる場合、最も気を付けるべきポイントは、**債務承認による時効更新（中断）をさせない**ことです。

　そのために、まず、依頼者に対して、債権者に対する弁済をしないことと、仮に債権者から連絡があっても「弁護士に依頼済みなので、弁護士に連絡してください」とだけ伝えるようにすること（間違っても、自身で話をし、債務承認の言質を取られないようにすること）を伝えます。

　また、後に説明するように、受任通知にも「債務承認をするものではない」旨の記載をしておくことを忘れてはなりません（本書87頁）。

　債権調査票の返送等により消滅時効の完成が確認できた場合には、速やかに消滅時効を援用します。消滅時効の援用は、援用した事実を立証できるように、配達証明付きの内容証明郵便で行うのがよいでしょう。

　消滅時効以外にも、債権者が債権放棄（債務免除）をすることで、債権者一覧表から削除できる場合があります。

　たとえば、近親者からの借入の場合に、受任通知を見て破産することを知った債権者が債務を免除する旨申し出るケースがあります。このような場合も、後に「言った・言わない」でトラブルになることを避けるため、合意書等を作成し証拠化しておくことが望ましいです。

　また、私の感覚ではありますが、コロナ禍以降、緊急小口資金等の特例貸付を利用したものの、生活の立て直しができずに破産に至るケースが増えているように感じます。このような特例貸付の場合、一定の要件を満たせば、その全部又は一部の返済が免除されることがあります。免除制度の有無や内容について、確認しておくとよいでしょう。

(2) 過払金

　過払いとは、利息制限法を超える利率を前提として弁済した結果、本来支払うべき金額以上の額を弁済してしまった状態をいいます。この場合、債務者は、債権者に対して、支払いすぎた金額（不当利得）の返還を求めることができます。これが過払金の返還請求権です。

　かつては、利息制限法が定める利率を超える利息の支払いを求める業者がいたため、過払金が生じるケースがありました。

■利息制限法1条の利息制限

元本の額が10万円未満の場合	年20%
元本の額が10万円以上100万円未満の場合	年18%
元本の額が100万円以上の場合	年15%

　もっとも、2010年6月の改正法施行以後は、ほとんどの業者が利率を利息制限法の範囲内にとどめるようになったため、過払金が生じるケースは減少しました。

　そのため、主として2010年6月以前から消費者金融を利用していた方の場合に、過払金の有無に注意しましょう。なお、過払金請求権は、最終取引日から10年間で時効消滅してしまいます。そこで、時効消滅を防ぐために、後に説明するように、受任通知には「過払金が生じている場合には、本書をもってその支払いを催告する」（時効完成猶予事由としての催告）旨の記載をしておきましょう（本書87頁）。

　債権者から債権調査票が返送されてきたら、過払金の有無を確認するため、利息制限法の利率で引直し計算をします。引直し計算には、無料で配布されている計算ソフトを活用すると便利です（インターネットで検索をすると、ダウンロードできるサイトが見つかります）。

　近時は、弁護士が介入した時点で、業者側で引直し計算を済ませたうえで債権調査票を返送するケースが見られます。この場合でも、正しく引直し計算がされているかについて、弁護士側で確認するべきでしょう。

　また、過払金請求権自体にも法定利率による利息が発生し得ます（業者が民法704条の「悪意の受益者」に該当するという法律構成）。債権調査票には当該利息が考慮されていないことが通常なので、最終取引日から支払済みに至るまでの法定利率による利息を計算し、請求することを検討するべきです。

　なお、過払金請求権の存在が確認できたものの、他にも負債があるため破産申立ての方針自体には変更がない場合、**原則として、申立代理人は過払金の請求をせず、破産管財人に委ねるのが望ましい**です。この理由は、仮に過払金の請求額に計算ミス等（上記法定利率による利息を考

慮しなかったなど）があったり、早期解決を目指すあまり低廉な金額に
よる和解をしてしまったりすると、破産財団を毀損したものとして破産
者や申立代理人の責任問題になってしまうからです。

　たとえば、過払金請求権自体の消滅時効の完成が迫っているような
ケースでは、時効の完成猶予のために過払金請求訴訟を提起しておき、
当該訴訟を係属させたまま破産申立てをして、破産管財人に引き継ぐの
が望ましいです。

　なお、破産手続の申立費用の捻出等のためどうしても必要といった事
情がある場合には、申立代理人において過払金の請求をすることが正当
化されることがあります。もっとも、この場合には、①当該必要性に関
する事情を説明（あるいは立証）できるようにしておくこと、②計算ミ
ス等がないように留意しつつ原則として満額回収を目指すこと、③回収
した過払金は破産手続の申立費用等以外に支出しないこと（支出したも
のについては、使途を説明・立証できるようにしておくこと）、といっ
た点に気を付けましょう。

3 親族等からの借入に注意する

　お金に困った場合に、貸金業者から借り入れるよりもまずは親族に相
談するという方は多いでしょう。破産事件を扱う場合、親族等からの借
入をしているケースは非常に多いです。

　親族等からの借入も、他の借入と同じ扱いになります。親族等だから
といって、特別扱いをすることはできません。親族等にだけ隠れて弁済
する行為は、典型的な偏頗弁済であり、破産管財人による否認権の対象
行為（破産法162条1項）となり得ますし、免責不許可事由（破産法
252条1項3号）にもなり得ます。

　そのためか、親族等から借入れがあっても、依頼者がなかなか言い出
せないというケースもよく見られます。このような場合に、「本当に親
族等からの借入はありませんね？　後から言い出さないでください
よ？」等と高圧的に確認することは、個人的にはお勧めしません。依頼
者との信頼関係が構築しにくくなりますし、他の事項も含めて、当初の

説明と異なる事実が判明した場合に、依頼者が言い出しにくくなってしまうからです。

　親族等からの借入は、預貯金口座の取引履歴から発覚したり、家計全体の状況を作成する過程で発覚したりすることが多いです。そのため、取引履歴がそろった後など、折を見て再度確認してみるといった柔軟な対応をすることが望ましいでしょう。

　また、後になって言い出した際も、依頼者を責めるのではなく、「よくぞ教えてくださいました」と感謝の言葉をかけたほうが、信頼関係の構築・維持の面でよいように思われます。

　お金に困って親族等に相談した場合に、借入ではなく、返済義務のない「援助」というかたちをとるケースもあります。返済義務のない援助であれば、負債ではないので、債権者一覧表への記載は不要です。

　ただし、取引履歴に当該親族等に対する返済の履歴が残っているような場合だと、「援助」という説明は苦しいでしょう。このような場合には、当該親族等に、依頼者に対する債務を免除する旨の書面を作成してもらうといった対応を検討することになります。

４ 保証債務は忘れがち

　保証債務は、確認が漏れがちな負債のひとつです。主債務の弁済が滞らなければ保証人に通知が来ることはないでしょうし、自身の債務という認識も持ちにくいからです。

　しかし、保証債務も債務に違いありませんので、債権者一覧表に記載しなければなりません。

　特に、奨学金は、利用する人も多いうえ、親族等を保証人にするケースが多いので、よく確認しておくことが望ましいです。

５ 訴訟提起等がされている債務に注意する

　初回の法律相談の時点で、債権者からすでに訴訟を提起されているというケースもあります。この場合、対応が遅れると判決が確定し、さら

に強制執行……と手続が進んでいってしまう可能性があります。そのため、このような事態になる前に、速やかに準備して申立てをする必要があります。

　仮に強制執行手続が始まってしまっていた場合、速やかに申立てをする必要があります。強制執行手続が係属中であれば破産手続開始決定により失効させることができます（破産法42条2項本文）が、強制執行手続の終了後だと否認権行使が必要となってしまい、破産財団が毀損しかねないからです。

　訴訟提起や判決（債務名義）の存在といった事項は、債権者一覧表の備考欄に記載することになっています（本書97頁）。また、破産管財人への引継ぎの際にも忘れずに伝えるようにしましょう。

6 債権者一覧表を順次更新していく

　初回の法律相談の時点から、債権者一覧表（本書95頁以下）のひな型の情報を埋めていきます。

　まずは、債権者名と住所、（概算でよいので）債権額を入力しましょう。こうしておくと、総債権者数及び総債権額を暫定的に把握することができ、方針検討に役立ちます。また、入力した債権者名と住所で住所録を作成すると、受任通知を送付する際の宛名ラベルの作成が楽になります。

　受任通知の送付後は、債権調査票が返送される都度、債権者一覧表を更新していきます。債権調査票の返送を受けた債権者には欄外に注記等をしておくと、債権調査票の返送の有無がわかりやすくなります。

　債権調査票の記載をもとに、借入の始期・終期や最終弁済日、使途等の欄を埋めていきます。また、債権譲渡等が判明した場合には、債権者名や住所欄の記載も含めて更新しましょう。

7 クレジットカードを預かる

　依頼者がクレジットカードを有している場合は、**以後の使用を防ぐため、クレジットカードを預かっておくのが適切です**。仮に依頼者が、返

済できないことを知りつつクレジットカードを使用した場合、免責不許可事由（破産法 252 条 1 項 5 号）にあたり得るほか、事情によっては詐欺罪（刑法 246 条）等に該当するおそれがあります。

　預かったクレジットカードは、使用できないように磁気ストライプや IC チップ部分をハサミで切断し、カード会社の指示に従って返還又は破棄します。

　なお、キャッシュカードと一体型のクレジットカードの場合、キャッシュカードとして使用する都合上、預かることが困難なことがあります。この場合には、依頼者に対して、クレジットカード機能を使わないように注意したうえで、早期にクレジットカード会社に対して受任通知を送付するようにしましょう（この場合、本書 88 頁で後述するように、預貯金口座の残高はすべて引き出す等の対応をしておきます）。

補足解説

信用情報機関に対する情報開示請求で負債を明らかに

　特に個人破産の場合、依頼者本人が自身の負債について正確に把握していないことがあります。そのような場合でも、債権者がわかれば、債権者に問い合わせることで負債の存否や金額を確認することができます。

　しかし、そもそも債権者がわからない場合には、問合せのしようがありません。

　そこで、このような場合には、信用情報機関に対する情報開示請求を検討します。

　信用情報機関とは、クレジットや各種ローン等に関する信用情報を収集・管理等する機関です。次の 3 つの機関があります。

①株式会社日本信用情報機構（JICC）
　主に消費者金融会社に関する信用情報を管理しています。
②株式会社シー・アイ・シー（CIC）
　主にクレジット会社に関する信用情報を管理しています。

③全国銀行個人信用情報センター（KSC）

　主に銀行に関する信用情報を管理しています。

　開示手続は、本人以外にも法定代理人や任意代理人が行うことも
できます。もっとも、本人申請であればウェブによる申込が可能で
あるため、基本的には本人に行ってもらうのがよいでしょう。

　仮に任意代理人申請をする場合には、郵送による申込が必要にな
ります。この場合には、本人の委任状（各機関指定の書式によるも
の。実印による押印必須）、印鑑登録証明書（発行日から 3 か月以
内のもの）、本人確認書類の写しが必要になりますので、本人に用
意してもらいます。また、開示手数料が 1000 円〜 1500 円かかり
ますので、その点についても了承を得ておきます。

　なお、任意代理人申請の場合でも、開示結果は本人の住所地宛て
に郵送されます。そのため、必ず本人に受領してもらい、受領次第、
内容を共有するように伝えておきましょう。

　信用情報機関に対する情報開示請求は、過払金の有無を確認する
のにも役立ちます。特に、完済している貸金業者がある場合には、
その貸金業者からは催告が来なくなるため、金融機関の把握が困
難です。依頼者が長期間にわたって（特に、2010 年 6 月以前から）
貸金業者からの借入と返済を繰り返していたという事情があるなら
ば、信用情報機関に対する情報開示請求をしてみることをお勧めし
ます。

 実務の鉄則

**負債を漏れなく把握しないと始まらない。全体像→細部の順で正確
に把握しよう。親族からの借入と保証債務を見落とさないように注
意しよう。**

3

資産の確認
預貯金口座の取引履歴を細かく確認しよう

> **モデル事例** > 資産はどうやって把握すればよい？

～引き続き、保須法律事務所にて～

若井：預貯金通帳はご持参いただけましたか？

日車：はい。持ってきました。ただ、ABC ネット銀行は紙の通帳がなくて、どうしたらよいかわからなかったため持ってきていません。

若井：ABC ネット銀行は、パソコンでログインして取引履歴画面を印刷することはできますか？

日車：はい、それはできます。

若井：わかりました。では後日、取引履歴を印刷したものを見せていただければ大丈夫です。ご持参いただいた通帳をお借りしますね。

　　　ふむ……まず、こちらの一番銀行最寄駅前支店の通帳ですが、2023 年 8 月以前の取引履歴が記載された通帳はお持ちでないですか？

日車：あぁ、繰り越し前の通帳ですね。ちょっと……どこにしまったか……。

若井：ご自宅に帰ってから探してみてください。見つからない場合でも、銀行に問い合わせれば取引履歴を取得することができます。もっとも、手数料がかかってしまうので、もし通帳を見つけられるようなら探してみてください。

　　　それと、2023 年 11 月 22 日から 2024 年 7 月 12 日までの取引が合算記帳になってしまっています。窓口で申請すれば取引履歴を取得することができますので、申請をお願いしま

す。

　　次に、取引履歴の内容について、いくつかお尋ねします。まず、2024年9月17日に「カ）ゴクラク」という会社への約3万円の振込がありますが、これは何ですか？

日車：これは、壊れてしまったためネット通販で購入した炊飯器の代金の支払いだと思います。

若井：わかりました。次に、2024年10月11日に「ドウキテルコ」さんからの20万円の振込がありますが、これは何ですか？

日車：これは、当時どうしても生活が苦しくて、会社の同期の道木さんから一時的に貸してもらったものです。でも、借入はこの1回だけですし、翌月には返済しています。

若井：2024年11月20日の道木さんへの20万円の振込がその返済ですね。

日車：はい、そうです。

若井：では、2024年12月4日の「オサナイヒロキ」さんからの15万円の振込はどうですか？

日車：えっと……それも借入ですね。幼馴染の長内さんに貸してもらいました。これも、たしか返済していたような……。

若井：取引履歴を見る限り、長内さんへの返済らしい振込はないですね。現金で返済した記憶はありますか？

日車：いえ、返済する際は必ず振込にするので、取引履歴に記載がないのであれば、返済していないのかもしれません……。長内さんに確認してみます。

若井：そうですね。よろしくお願いします。

　　では次に、現在、現金はいくらお持ちですか？

日車：5万2000円です。

若井：生活保護や年金などの公的扶助は受けていますか？

日車：いえ、ありません。

若井：給与明細はお持ちいただいていますか？

日車：はい、直近2か月分の給与明細を持ってきました。毎月20万円の給与をもらっています。

若井：日車さんは会社員ですよね。退職金はありますか？

日車：いえ、定年後再雇用なので、退職金はありません。

若井：わかりました。退職金のないことを確認するため、雇用契約書を後日見せてください。

　　　誰かに貸しているお金はありますか？

日車：いえ、ありません。

若井：給与明細を見る限り、社内積立などはなさそうですね。

　　　日車さんが契約者となっている保険はありますか？

日車：生命保険1件と自宅の火災保険が1件あったと思います。保険証書を持参しました。

若井：取引履歴を見ても、保険はその2つだけですね。保険証書もご準備いただきありがとうございます。ふむ……ご持参いただいた資料だけだと、解約返戻金の有無や金額がわかりませんね。保険会社に解約返戻金の試算書を作ってもらうか、解約返戻金の有無等がわかる約款のご準備をお願いします。

日車：わかりました。

若井：有価証券はお持ちではないですか？

日車：いえ、株券とかですよね？　持っていないです。

若井：取引履歴を見ると、「ANGO トレード」に対して不定期に振込をされていますね。金額は少額ですが、社名から察するに有価証券か何かをお持ちではないかと思ったのですが。

日車：あぁ、それはおそらく、友人に誘われて取得した仮想通貨の振込だと思います。すでに処分したと思いますが、もしかしたら端数分くらいは残っているかもしれません。

若井：そういうことでしたか。仮想通貨も破産手続では換価の対象となりますので、あとで仮想通貨の有無を確認しておいてください。

　　　自動車やバイクはお持ちではないですか？

日車：いえ、持っていません。

若井：過去5年間で20万円以上のものを購入されましたか？

日車：2年前にパソコンを購入したのですが、20万円もしたかな

……？　それ以外に心当たりはありません。

若井：購入日と購入金額を確認しておいてください。購入金額が
　　　20 万円以上だった場合には、2 社以上の業者による見積を
　　　取得して、現在の価値を把握する必要があります。
　　　　過去 2 年間に処分した 20 万円以上の財産はありますか？

日車：20 万円で物を売ったということですか？　いや、それはな
　　　いですね。

若井：不動産や自動車、有価証券などの売却だけではなく、たとえ
　　　ば、定期預金や保険を解約して 20 万円以上が手に入ったと
　　　か、そういった事情はありませんか？

日車：定期預金はありませんし、保険の解約などもありません。

若井：わかりました。
　　　　あとは、不動産は持ってらっしゃいませんよね。遺産分割
　　　をしていない相続財産や、過去に事業を営んでいてその資産
　　　が残っている、といった事情はありませんか？

日車：ありません。

若井：過払金の有無はこちらで調査するとして、たとえば、現金を
　　　得るためにクレジットカードで購入した物をすぐに売却した
　　　りしたことはありますか？

日車：ありません。

解説

1 預貯金口座の取引履歴は最重要

(1) 取引履歴の取得

　預貯金口座の取引履歴は、破産事件において大切な情報の詰まった、
非常に重要な情報源といえるでしょう。

　本人が現在は使わなくなったという口座も含めて、**本人名義の口座は
すべて開示してもらう必要があります**。仮に「10 年くらい前に口座を
作っていたが、もう何年も使っておらず、通帳等も残っていない。口座

番号もわからない」という場合であっても、金融機関の窓口に身分証明書を持参して照会すれば調査は可能です。

取引履歴は、**直近２年分が記載されているもの**を用意してもらいます。途中で通帳の繰越があれば、繰越前の通帳も持参してもらい、必ず直近２年分をカバーできるようにしましょう。

相当期間記帳せずにいると、その部分が合算記帳（おまとめ記帳）になってしまうことがあります。合算記帳になってしまうと、その部分については合計の入出金額しかわからず、いつどのような取引があったのかが通帳の記載から判断できません。そのため、この場合には、合算記帳部分について、金融機関に対して取引履歴の開示を求めなければなりません。

取引履歴の開示には１か月程度かかることもあります。そのため、初回の打合せまでにすべての取引履歴を準備してもらおうとはせず、まずは打合せを実施することを優先し、不足資料は追完してもらうようにしましょう。

なお、近年は、ネット銀行を利用している方も多く、通帳のペーパーレス化も進んでいるため、紙の通帳を持っていないという方も珍しくありません。この場合には、**直近２年分の取引履歴を印刷**して持参してもらうことになります。

「パソコンを持っていないので印刷ができない。普段はスマートフォン（アプリ）の画面で確認している」という方もいらっしゃいます。しかし、２年分の取引履歴が必要になる都合上、原則として、パソコンのインターネットブラウザからインターネットバンキングにログインし、取引履歴を印刷してもらうべきです。

どうしてもスマートフォンの画面で確認するほかない場合には、取引履歴を表示させたスマートフォン画面のスクリーンショットか、画面自体を写真撮影することで対応することになります。もっとも、この場合、取引履歴が複数ページにわたることが想定されます。このとき、写真の画像から連続性が確認できるようにしないと、途中の取引が抜けている可能性を否定できません（たとえば、写真①の末尾が 2025 年 1 月 24 日であり、写真②の冒頭が 2025 年 2 月 1 日になっていると、その間の取

引履歴が、そもそも存在しないのか、存在するのに抜けているかが判別できません。そのため、写真①の末尾の取引が、写真②の冒頭にも重複して表示されるようにする等の工夫が必要です）。そのため、スクリーンショット等の撮影自体を申立代理人事務所で行い、不備がないようにしたほうがよいでしょう。

(2) 預貯金通帳のコピー方法

　預貯金通帳のコピーを取る際は、①紙の大きさはA4サイズ（余白が多くても切らない）で、②拡大や縮小はせず上下左右に余白（特に左側には3センチメートル程度の余白）を取ってコピーする、③表紙（表表紙と裏表紙の見開き）、表紙の裏（口座番号や支店名などが記載されているページ）もあわせてコピーする、④取引履歴部分は濃いめに設定する、といった点に注意しましょう。

　裁判所のホームページ等でもコピー方法の案内文が公開されていますので、それらを印刷して依頼者に交付しておくとよいでしょう。

　また、依頼者が使用しない通帳であり、依頼者の承諾を得られるのであれば、預貯金通帳の原本を預かり、申立代理人側で適宜記帳やコピーをする方法もあります。ただし、この場合には資産管理行為等に該当するため、本人特定事項の確認等を必ず行いましょう（本書20頁）。また、預かり原本の管理リストを作成する等して、紛失しないように気を付けて管理します。

(3) 取引履歴の確認

　取引履歴は、一つひとつ丁寧に確認していきましょう。

　たとえば、振込・入金の相手方が個人名の場合、個人間の借入や貸付が疑われます。

　また、ATMでの入出金の場合は、金額や頻度に注目しましょう。定期的に少額を出金しているのであれば生活費の推定が働きますが、不自然に高額な入出金がある場合、現金による貸し借りや浪費の可能性がありますので、使途を必ず確認します。また、たとえ金額は少額であっても、短期間に多数の入出金がある場合は、一度に高額な入出金がある場

合と同様の注意が必要です。

　振込・入金の相手方が法人名の場合でも、取引内容の確認を怠ってはいけません。借入金の返済や家賃の支払、給与の振込など、取引内容を確認していきましょう。取引内容を確認していくことで、依頼者本人も失念していた負債の存在が判明することがあります。

　また、取引履歴を確認する際には、「取引履歴のない取引」にも気を付ける必要があります。たとえば、家賃や水道光熱費の支払、給与の振込は、預貯金口座を経由することが多く、取引履歴に載っていることが多いです。現金で授受しているのであれば取引履歴がなくても不自然ではありませんが、そのような理由がないのであれば、他に開示していない預貯金口座が存在する可能性があります。

　ほかにも、取引履歴に保険会社の名前がある場合、保険契約が存在するのが通常ですので、保険証書などの契約内容がわかる資料の提出をお願いしましょう。

　近時は、暗号資産を保有している人も珍しくありません。取引履歴に暗号資産交換業者の名前がある場合は、暗号資産を保有している可能性がありますので、暗号資産の有無についても確認しましょう。

　このようにして確認した一つひとつの取引内容については、取引履歴の写しに手書きで注記するか、Excel 等に整理して取引履歴の注記として申立書の添付資料にしておくとよいでしょう。

　以上のような取引履歴の確認は、同時廃止事件であれば即日面接時に裁判所から、管財事件であれば破産管財人からなされます。その際に、申立代理人において確認済みであることが、取引履歴の注記として明示されていると手続がスムーズです。

2　その他確認すべき資産目録の各項目

　預貯金口座の取引履歴以外では、次の資産について、調査のうえ資産目録への記載が必要となります（即日面接通信 vol.6 も参照）。

⑴ 現金

　資産目録には申立時点で所持している現金の総額を記入します。法律相談時にも暫定的にこの額を尋ねておくと、依頼者の資産状況を把握することができ、申立てまでの間の資金繰りの見通しを立てやすくなります。

⑵ 公的扶助（生活保護、各種扶助、年金等）の受給

　公的扶助には、児童手当や児童扶養手当なども含まれます。これらについて、受給証明書を取得して申立書に添付する必要があります。

　生活保護については、受給開始時期を記入する必要があります。市区町村をまたがって転居した場合、現在の市区町村が発行した受給証明書には転居後の受給開始時期等しか記載されていないので、転居前も含む受給開始時期を依頼者本人から聴取しておきましょう。

　世帯主が世帯単位で生活保護を受給している場合は、世帯員である債務者についても、生活保護を受給していることになります。

⑶ 報酬、賃金

　直近2か月分の給与明細及び過去2年度分の源泉徴収票（又は確定申告書の控え）の写しの提出が必要です。なお、源泉徴収票や確定申告書のない人は、課税（非課税）証明書の提出で足ります。

⑷ 退職金請求権

　まずは、雇用契約書や労働条件通知書で、退職金の有無を確認します。退職金がある場合には、退職金規程に基づいて退職金見込み額を算定するか、退職金見込み額の証明書を勤務先に交付してもらいます。

　退職金請求権は、法律上、その4分の1が破産財団を構成します（破産法34条3項2号、民事執行法152条2項）。また、破産手続開始決定時点で退職しておらず、近時に退職する予定がない場合には、退職金請求権の発生に不確実性が生じるため、退職金見込み額の8分の1を破産財団構成額と評価するのが現在の運用です。

⑸ 貸付金・売掛金等

　貸付金や売掛金、その他金銭債権の有無を確認します。

　特に、親族や友人に対する貸付金がないか、預貯金口座の取引履歴も参照しつつ、依頼者本人に尋ねて確認しましょう。

　給与所得者の場合、勤務先に対する未払給与や残業代の有無も確認しましょう。

　貸付金等がある場合は、その証拠の有無と回収可能性を検討します。

　たとえば、「友人に金を貸したが、借用書などは作っていない」という場合でも、預貯金口座の取引履歴に振込の履歴が残っていれば、金銭授受の証拠になります（もっとも、「別の借金の返済を受けただけである」など、返還合意の存在を否認される可能性はありますが）。

　回収可能性を検討するにあたっては、債務者側の主張内容を確認する必要があります。そのため、申立代理人から債務者に対して連絡をとり、債務者側の主張を把握しましょう。たとえば、貸付金の発生自体を争われる場合には、立証可能性の有無を検討します。他にも、消滅時効を援用されたり、相殺を主張されたりした場合には、それらの抗弁が成り立つのかを検討します。

　よくあるのは、債務者が所在不明であったり、債務者に資力がなかったりするパターンです。この場合には、申立代理人において、可能な限りの所在調査や資産調査をし、裁判所や破産管財人から質問された場合にきちんと報告できるように準備しておく必要があります。

⑹ 積立金等（社内積立、財形貯蓄、事業保証金等）

　社内積立や財形貯蓄、積立年金、事業保証金等がある場合は、勤務先からの給与明細等に記載されていることが多いので、内容を確認しておきましょう。

　預貯金口座の取引履歴から判明することもありますので、取引履歴を見る際には積立金の有無についても注意します。

⑺ 保険（生命保険、傷害保険、火災保険、自動車保険等）

　保険料の支払が誰であるかにかかわらず、債務者が契約者となってい

る保険・共済などはすべてチェックします。

依頼者から聴取した内容と、取引履歴の引落等が整合するかを確認しましょう。

保険契約の内容は、保険証券等の資料に基づいて確認しましょう。特に解約返戻金の有無及び金額は重要です。解約返戻金が20万円以上の場合、それを理由に管財事件に振り分けられることになるからです（本書112頁）。

保険証券等で解約返戻金の有無や額が確認できない場合には、保険会社から解約返戻金計算書を提出してもらう必要があります。

なお、保険証券等は、A4サイズより少し大きいサイズの用紙になっていることが多いです。そのため、コピー等の際は、A4サイズより大きい用紙でコピーするか、少なくとも重要な部分（たとえば、金額等の数字部分）が切れないように気を付けてコピーするとよいでしょう。

⑻ 有価証券（手形・小切手、株式、社債）、ゴルフ会員権等

最近だと、NISA口座を開設している方も少なくありません。そういった証券会社等で開設している口座の有無を確認し、ある場合には保有する株式等の額を確認しましょう。

また、勤務先に従業員持株会がある場合には、その株式も債務者の資産ですので、漏らさず確認する必要があります。

なお、NISAと異なり、iDeCoは確定拠出年金であり、差押え禁止財産となっているため、換価対象になりません（確定拠出年金法32条1項本文）。

⑼ 自動車、バイク等

自動車、バイク等を保有している場合には、自動車検査証又は登録事項証明書を申立書に添付する必要があります。

預貯金口座の取引履歴に駐車場代やガソリン代の支払がある場合や、自動車保険に加入している場合には、自動車やバイクを保有していることが推認されます。

自動車検査証又は登録事項証明書を見ると、所有権留保の有無が確認

できます。所有権留保が付されている場合、被担保債権額及びオーバーローンか否かを確認しましょう。オーバーローンの場合には資産価値なしと判断することになりますが、担保価値に余剰があれば破産財団を構成します。

　所有権留保付きの自動車であっても、破産手続開始決定時に留保所有権者を所有者とする登録がされていなければ、留保所有権者は、所有権留保を破産管財人に対抗することができません（最判平成 22 年 6 月 4 日民集 64 巻 4 号 1107 頁参照。ただし、法定代位を認めた最判平成 29 年 12 月 7 日民集 71 巻 10 号 1925 頁に注意）。そのため、申立代理人は、留保所有権者と登録上の所有者の異なる自動車がある場合は、引揚げに応じてしまわないように注意しつつ破産手続開始申立てをし、破産管財人に引き継ぎましょう。

　自動車やバイクの時価を調べる場合、専門業者に見積書を出してもらえればよいのですが、そうでなければいわゆるレッドブックで調査する方法があります。

　レッドブックとは、正式名称を『オートガイド自動車価格月報』といい、自動車の平均的な取引価格を一覧にまとめた有限会社オートガイドの刊行している冊子です。あくまで車種や年式に基づく平均取引価格なので、当該自動車の保存状態等次第では、レッドブックに記載されている価格で売却できるとは限りません。とはいえ、大まかな価値を把握する際には有用な資料です。

⑩ 過去 5 年間で購入価格 20 万円以上の物

　貴金属類、美術品、パソコン、着物、その他の高価品について、その保有の有無及び評価額を確認します。パソコンや家電が該当することが多いでしょう。評価額は、買取業者に査定してもらって確認します。査定は、1 社のみではそれが適正額かが判別できないので、2 社以上に依頼するのが望ましいです。

　破産原因に浪費がある人の場合、20 万円以上の物が含まれないか、購入品の内容を丁寧に聞き取る必要があります。

⑾ 過去2年間に処分した20万円以上の財産

不動産や自動車の売却、定期預金や保険の解約、過払金の回収等があたります。

不動産等を処分した場合、その処分価格が適正であったか（詐害行為否認の対象になるか）を確認するためにも、評価額や換価に関する明細（売買契約書など）を提出してもらいましょう。また、売却代金の使途についても聞き取ります。

⑿ 不動産（土地、建物、マンション等）

不動産がある場合には、評価額と担保権の有無（ある場合には被担保債権額）を確認します。

評価額は、原則として、信頼のおける不動産業者2社の査定書（たとえば、大手不動産業者2社や、大手不動産業者1社と地元の有力業者1社の組み合わせ等。必ず大手不動産業者を含めます）によって算定します。不動産の評価額に関しては固定資産評価証明書というものがありますが、これは固定資産税の算定のための評価額であり、実際の取引価格とは異なるため、評価額の根拠資料にできません。

担保権がある場合、1.5倍以上のオーバーローンになっている場合には、オーバーローン上申書を添付することで同時廃止事件に振り分けてもらうことができます。裏を返せば、1.5倍以上のオーバーローンに至らない場合には、管財事件に振り分けられます。

不動産が借地権付き建物の場合は、建物自体の評価額だけでなく、借地権価格の評価額も加えて時価を算定する必要があるので、不動産業者に査定をお願いする際には気を付けましょう。

⒀ 相続財産

相続財産（遺産分割未了のものを含む）がある場合は、相続関係の調査を行い、相続した財産の内容及び評価額を確認します。

⒁ 事業設備、在庫品、什器備品

事業者の場合は、事業設備や在庫品、什器備品の有無を確認する必要

があります。事務所や店舗等の明渡しが未了で、事業設備等の残置物がある場合、想定される破産管財人の業務負担の程度次第では、予納金の額が増額される可能性があるので注意が必要です。

　また、事務所等の明渡しが済んでいる場合でも、債務者の自宅や倉庫等に事業設備等が残っている場合には、破産財団を構成することになるため、破産管財人への引継が必要になります。

⒂ その他（過払金、否認権）

　過払金の有無については、債権調査票に基づき利息制限法所定の制限利率に引直し計算をして確認します（本書33頁以下）。

　すでに完済した貸金業者等からの借入についても、取引履歴を取り寄せたうえで過払金の有無を確認することが望ましいです（本書39頁）。

　高価品を第三者に無償又は低廉な価格で譲渡した場合、詐害行為として否認対象行為に該当する可能性があります。そのため、高価品を譲渡した場合には、誰に、いつ、何を、いくらで譲渡したのか、それらがわかる資料の提示を求めつつ、確認します。

補足解説

暗号資産の取扱い

　暗号資産ブームもあって、以前に比べて暗号資産を保有している破産者が増えているように思います。

　暗号資産は、裁判所で定めている換価基準における「換価等をしない財産」に挙げられていません。そのため、暗号資産は、その価値が20万円以下であったとしても、原則として換価対象となります。

　また、暗号資産は、預貯金と異なり、少なくとも現状の位置づけとして、貯蓄というよりは投資の性質が強い財産です。そのため、その財産の性質上、自由財産の範囲の拡張（本書55頁）は認められにくいといえるでしょう。

破産申立て前に任意整理をしていた場合

　破産者が、破産申立て前に任意整理を先行して行っており、任意整理に基づく分割弁済が行われていたものの、途中で弁済が困難になったため破産に移行する、というケースは珍しくありません。

　このようなケースでは、従前の任意整理の内容についてよく確認しておく必要があります。

　なぜならば、任意整理において、すべての債権者を対象とし、かつ、債権額に応じて按分弁済をしているのであればまだよいのですが、そうではない場合（一部の債権者を除外している場合や、弁済開始日や支払回数の違いによって弁済額が按分になっていない場合など）には、偏頗弁済に該当し得るからです。

　そのため、任意整理を担当した弁護士等から資料の引継ぎを受け、対象とした債権者と債権額、弁済額を正確に把握しましょう。

　仮に、全債権者に対する按分弁済となっておらず、偏頗弁済に該当する場合、その額が少額にとどまれば同時廃止事件とする余地もありますが、その額が多額である場合には管財事件に振り分けられることになります。

実務の鉄則

預貯金口座の取引履歴については、依頼者の協力を得て、しつこいくらい確認させてもらおう。
預貯金以外の資産についても漏らさずに調査しよう。

4

自由財産の範囲の拡張申立て
判断要素を検討し、速やかに申し立てよう

モデル事例 ▶ 生命保険は解約しないといけない？

～引き続き、保須法律事務所にて～

日車：破産をすると、生命保険は解約しなければならないのでしょ
　　　うか。自身の健康状態を考えると、万が一の場合に妻が生活
　　　していけるように、生命保険は維持したいのですが……。

若井：解約返戻金が20万円以下であれば、解約しないで済みます。
　　　しかし、解約返戻金が20万円を超える場合には、原則とし
　　　て解約することになります。もっとも、解約返戻金相当額を
　　　破産財団に組み入れることができれば、解約を避けることは
　　　できます。

日車：正確な金額は調べてご連絡しますが、おそらく解約返戻金は
　　　60～70万円くらいになると思います。ただ、この金額を用
　　　意することは難しいと思います。

若井：そうですか。それでは、自由財産の範囲の拡張の申立てを検
　　　討してみましょう。破産法では、自由財産といって、破産手
　　　続で換価しなくてよい財産というものが認められています。
　　　破産手続開始決定後に得た財産（新得財産）や、法律で差押
　　　えが禁止されている財産などが典型例です。
　　　　自由財産の範囲の拡張とは、本来は破産手続で換価しなけ
　　　ればならない財産について、例外的に、換価しなくてよい自
　　　由財産にしてもらう手続をいいます。

日車：生命保険を解約しなくて済むというわけですね。

若井：そうです。ただ、自由財産の範囲の拡張は、相応の理由がな
　　　いと認められません。ですので、きちんとした理由があるこ

とを示す必要があります。

　手持ちの現預金は、すべて合算しても20万円弱ですね。会社員なので定期収入はありますが、定年後再雇用なので通常の給与所得者とは事情が違うといえそうです。

　ご自身の健康状態が心配とおっしゃっていましたが、何か治療中のご病気などあるのでしょうか？

日車：実は先月、喉頭がんに罹患していることがわかりまして。幸いにも早期発見できたので、大事には至っておりませんが……。現在は放射線治療中なのですが、治療費の負担が重く、妻にも苦労をかけています。

若井：そうでしたか。ご教示いただいた事情をもとに、自由財産の範囲の拡張申立てを準備しますね。喉頭がんに罹患していることや、治療内容、治療費がわかる資料をご用意ください。また、奥様の収入がわかる資料もいただけると助かります。

日車：承知いたしました。よろしくお願いいたします。

解説

1 自由財産の範囲の拡張とは

　破産手続では、破産者が破産手続開始決定時に保有していた財産を破産財団とし、これを換価して配当を目指します（破産法34条1項）。そのため、破産手続開始決定後に破産者が取得した財産（新得財産）は、破産財団を構成しない、自由財産となります。

　また、破産者が破産手続開始決定時に保有していた財産であっても、法律上差押えが禁止されている財産は、換価対象から除外されるため、自由財産となります（破産法34条3項）。その他、破産管財人が破産財団から放棄した財産や、自由財産の範囲の拡張が認められた財産も、自由財産です。

　自由財産の範囲の拡張は、本来ならば換価すべき財産について、財産の性質や破産者の生活状況等の事情に鑑みて、例外的に換価対象から除外する手続です。

2 拡張が認められるか否かの判断要素

そもそも本来は換価すべき財産ですから、自由財産の範囲の拡張を認めてもらうためには、相応の理由があることを示さなければなりません。

一般的に、自由財産の範囲の拡張は、以下の事情を総合考慮して判断されます（破産法34条4項）。

(1) 破産者の生活の状況

破産者の年齢、職業、世帯構成、本人や家族の病気の有無、程度等をいいます。たとえば、破産者が高齢、無職、扶養家族が多く、本人や家族に重病者がいるような場合には、拡張に積極的な事情となります。逆に、破産者が若く、安定した収入があり、単身者で健康であるような場合には、拡張に消極的な事情となるでしょう。

(2) 破産手続開始時に破産者が有していた財産の種類及び額

たとえば、現預金が十分にある場合には、拡張の消極的事情となります。特に、99万円以下の現金が自由財産とされている（破産法34条3項1号、民事執行法131条3号、民事執行法施行令1条）こととの均衡から、自由財産の総額が99万円を超える場合には、よほどの必要性がない限り拡張は認められません。他方で、現預金があまりないような場合には、破産者の生活再建の観点から、拡張の積極的事情となります。

もっとも、自由財産の総額が99万円以下だからといって、容易に自由財産の範囲の拡張が認められるわけではありません。本来は換価すべき財産について、例外的に換価対象から除外するのが自由財産の範囲の拡張です。この原則と例外をはき違えることがあってはなりません。**自由財産の総額が99万円以下の場合であっても、自由財産の範囲の拡張を認めるべき相応の理由を示しましょう。**

(3) 破産者が収入を得る見込み

破産者の就業状況や収入見込み額が考慮されます。

たとえば、(1)とも重複しますが、破産者が高齢かつ無職であり、今か

ら再就職も難しいといった事情は、拡張に積極的な事情となります。ほかにも、破産者が元個人事業者であり、営んでいた事業が破綻して現在は収入の当てがないといった事情も、拡張に積極的な事情となります。

　他方で、破産者が給与所得者であり、安定収入がある場合には、拡張に消極的な事情となります。

(4) その他の事情

　拡張を求めている財産の種類や額、債権者の対応状況や配当見込み等が考慮されます。たとえば、年金生活中の高齢者が有する年金を原資とする預貯金のように、破産者の唯一の生活の糧となっているようなものは、拡張に積極的な事情となります。

　他方で、学資保険のように当座の生活に必要不可欠といえないものや、有価証券のような投資資産は、拡張に消極的な事情となります。

　また、債権者が自由財産の範囲の拡張に反対している場合や、拡張を認めるか否かによって配当の可否や金額に大きな影響を与える場合には、拡張に消極的な事情となります。

3 申立代理人としての心構え

　破産者の生活再建に資するため、自由財産の範囲の拡張の可能性がある場合には積極的に申立てを行うことが求められます。

　なお、一般的に、財産目録に記載がない破産財団に属する財産が、破産管財人の調査によって発見された場合には、自由財産の範囲を拡張するのは不相当とされます。そのため、申立て前に、上記のような判断要素に即して事情を確認し、裏付け資料を収集したうえで、速やかに自由財産の範囲の拡張申立てを行うようにしましょう。

⚖ 実務の鉄則

判断要素に照らして、申立てを検討しよう。裏付け資料も忘れずに！

5

陳述書（報告書）の作成
一読すれば概要がわかるものを目指そう

モデル事例　破産に至る経緯はどのように尋ねればよい？

〜引き続き、保須法律事務所にて〜

若井：現在のお仕事内容について教えてください。

日車：15年前に入社して以来ずっと営業を担当しています。

若井：たしか、最初の借入は2006年12月頃ということでしたよね？

日車：はい、今の会社に入社する前は別の会社で営業の仕事をしていました。しかし、仕事が忙しすぎたことが原因でうつ病になってしまい、その会社を辞めました。2年間療養生活をして、ようやく医師からも「仕事を再開して大丈夫」という意見をもらえたので、就職活動を始め、現在の会社に就職したのです。

若井：前の会社を辞めた当時は、いくらくらい貯蓄があったのでしょうか？

日車：当時は200万円ほどの貯蓄がありました。しかし、貯蓄はすぐに底をついてしまいました。その後は、両親からも支援を受けつつ、妻が働いて家計を支えてくれました。しかし、月によっては生活費が不足するようになってしまい、不足分を補填するために借入をするようになったのです。借りたり返したりではありましたが、どうしても借りるほうが多く、だんだんと負債が増えていきました。

　　　　2年間の療養生活を経て体調は回復したのですが、現在の会社の収入では、生活を維持するのが精いっぱいで、いつまでたっても借金は減りませんでした。

　　　　そうこうしているうちに、業績不振により勤務先の経営が苦しくなってしまい、給与が減額されることが決まりました。

そうなると、借金を減らすどころか、今の生活を維持するこ
　　　とすら難しいため、法律相談に伺いました。

若井：個人事業主として事業を営んだことはありますか？

日車：いいえ、ありません。

若井：浪費やギャンブルはしていませんか？

日車：うつ病の診断を受けた直後くらいの時期が、一番生活が荒れ
　　　ていたといいますか……。飲酒量も多かったですし、その分、
　　　お金もたくさん使ってしまいました。競馬とパチンコも
　　　しょっちゅう行っていました。

若井：具体的には、いくらぐらい使っていたのですか？

日車：会社を辞めて収入がないにもかかわらず、貯蓄があるからと
　　　後先を考えず、飲酒には月5万円以上、多い月で10万円く
　　　らい使った時もあります。競馬とパチンコも1か月あたり5
　　　〜10万円くらい使っていました。
　　　　結局、この時の無駄遣いのせいで、貯蓄はすぐになくなり、
　　　借金が残ってしまったわけですが……。

若井：現在も浪費やギャンブルは続いていますか？

日車：いいえ、体調が回復してからはやっていません。

解説

1 過去10年から現在に至る経歴を聴取する

　陳述書（多くの場合、申立代理人が作成するため「報告書」になりま
す）を作成するにあたっては、破産原因に関係する範囲で経歴の記載が
必要です。過去10年間というのは一応の目安であり、必要に応じて10
年以上前についても記載が求められます。

　たとえば、事業（個人事業又は会社経営）に伴う負債が残っている場
合は、過去10年以上前の負債であっても、事業を営んでいた当時まで
さかのぼって記載する必要があります。

　現在又は過去に事業を営んでいたことがある場合は、必ず管財事件に

振り分けられ、資産や負債の有無を詳細に調査されることになります。**経歴を確認する際は、必ず事業を営んでいた経験の有無を確認する**ようにしましょう。

　事業を営んでいた経験がある場合は、当該事業の状況（事業内容、事業を営んでいた期間、事務所や店舗の明渡しが済んでいるか、敷金保証金の清算は済んでいるか、従業員及び未払労働債権の有無、事業資産や事業に係る負債の有無及び内容、事業停止後の債権者の反応（クレームの有無など））を確認し、申立書の適宜の箇所に記載します。

2 破産申立てに至った事情を明らかにする

　破産者がなぜ破産申立てをするに至ったかについて、具体的な事情を記載します。

　裁判所や破産管財人が読んだ際に、経緯が理解できるように記載する必要があります。特に、支払不能や支払停止の時期がいつであるのかを明確にし、否認権行使の要否等が検討できるようにしましょう。

　基本的には、時系列に従って、いつ、何があったのかという流れで記載していくことになります。

　破産者本人に事前にメモ書きで事情を整理してもらうのも有効ですが、文書作成に慣れていない方もいらっしゃいますから、メモ書きをそのまま写すようなことをしてはいけません。

　私の場合は、まず、**いつごろから負債が増え始めたか、その理由は何か、から尋ねていく**ことにしています。そうすると、「5年くらい前から、生活費が足りなくて」などと回答が得られますので、「生活費が足りなくなってしまったのはなぜですか？」と掘り下げていきます。そうしていくと、「6年前に体調を崩して仕事を続けられなくなり、会社を退職して1年間ほど療養した後、別の会社に就職したが給与が大幅に減少した。そのため、生活費が不足し、借入額が増えてしまった」といった具体的な事情が明らかになっていきます。

　なお、**生活費の不足を理由とする場合には、必ず収入と支出の額を尋ね、本当に生活費が不足していたのかを確認**します。もしも相応の収入

があり、支出を考慮しても余裕を感じるようであれば、何か話していない事情（浪費やギャンブルなど）を疑ったほうがよいでしょう。

3 免責不許可事由に気をつける

　陳述書（報告書）には、免責不許可事由について記載する欄が設けられています。免責不許可事由としてよく問題になるものは、①廉価売却（破産法252条1項2号）、②詐術による信用取引（破産法252条1項5号）、③浪費等（破産法252条1項4号）、④7年以内の免責取得（破産法252条1項10号）です。

　これらの免責不許可事由がある場合には、裁量免責（破産法252条2項）の可否が問題となります。

(1) 廉価売却

　破産法252条1項2号の「信用取引により商品を買い入れてこれを著しく不利益な条件で処分した」とは、当初から売却する目的で、クレジットカードを使って商品を購入し、直ちに低価格で売却等する行為（いわゆるクレジットカードの現金化）をいいます。

　これを「破産手続の開始を遅延させる目的で」行うと、免責不許可事由に該当します。要するに、客観的に支払不能の状態にあり、自身もその自覚があるため速やかに破産すべきであるにもかかわらず、破産を回避すべく、クレジットカードの現金化に及んだケースが該当します。

　クレジットカードの利用明細等から、日常生活上必要性がないと思われる商品（不自然に高額な商品券や回数券等の金券、貴金属類や時計等を複数購入しているなど）の購入がある場合には、廉価売却に及んでいないかを確認します。

(2) 詐術による信用取引

　「破産手続開始の申立てがあった日の1年前の日から破産手続開始の決定があった日までの間」に、自身が支払不能であることを知りながら、支払不能ではないと信じさせるために「詐術を用いて信用取引により財

産を取得」した場合をいいます。

「詐術」とは、具体的には、虚偽の氏名や生年月日等を申告したり、債務負担状況や財産状況を積極的に偽ったりすることをいいます。結婚等で氏名が変わった場合に、旧姓当時の債務について申告せずに借入をする行為も該当します。

他方で、もともと信用取引をしている相手方に、自身が支払不能に陥ったことを告げずに信用取引を継続するような消極的態度（たとえば、支払不能に陥ったことを告げることなく、もともと保有しているクレジットカードの使用を継続する場合など）については、「詐術」には当たらないと考えられています。

(3) 浪費等

浪費・ギャンブルについては、破産者本人から事情を聞くほか、預貯金口座の取引履歴から確認します。取引履歴に宝くじや競馬等、株式取引等（運営会社等の名前で記載されていることが多いので、聞きなれない法人名などがあったら、インターネットで事業内容を検索するとよいです）のための出金がないか、ある場合にはその当時の収入と比べて適切な金額に収まっているかを確認します。

(4) ７年以内の免責取得

破産申立て前７年以内の免責許可決定等の確定については、破産者本人に「過去に破産や民事再生をしたことがありますか？」と尋ねることで確認します。もっとも、過去に破産をしたことがあっても、それがいつだったか覚えていない方もいます。この場合、**申し立てた裁判所及び事件番号がわかれば、裁判所に対して免責許可決定確定証明書を申請する**ことができ、正確な情報が確認できます。

過去の破産事件について、申し立てた裁判所や事件番号がわからない場合には、**官報検索によって調べる方法**があります。

破産手続開始決定等があった場合、これらの情報は官報に掲載されます。そして、現在は、過去の官報の内容をオンラインで検索できる官報情報検索サービスがあります。会員制有料サービスにはなりますが、公

共図書館のデータベースサービスで提供されていることもありますので、利用可能な図書館を調べておくとよいでしょう。

　官報情報検索サービスで破産事件を検索する際は、検索範囲を「公告」という項目内の「裁判所」のみに絞ると効率がよいです。そして、検索ワードに破産者の氏名を入力し、検索します。同姓同名の方や部分的に一致する方の名前もヒットするので、目当ての情報を探しましょう。

　なお、結婚等で氏名が変わった場合や、転居により住所が変わった場合には、破産者との同一性が確認できないことがあります。そのため、官報情報検索サービスで調べるに際しては、最低限、旧姓と旧住所を確認しておきましょう。

　また、7年以内の免責取得は、必ず管財事件とする運用になっています（本書114頁）。過去に破産したことがある依頼者については、必ず免責許可決定が確定した日付を確認しましょう（本書133頁）。

⑸　裁量免責

　免責不許可事由がある場合は、「裁量免責を相当とする事情」を記載します。免責に関する判断については、次の2つの論文が非常に参考になります。

　①原雅基「東京地裁破産再生部における近時の免責に関する判断の実情」（判タ1342号4頁）

　②平井直也「東京地裁破産再生部における近時の免責に関する判断の実情（続）」（判タ1403号5頁）

　これらの論文には、免責不許可事由ごとに、裁量免責が認められたケースと認められなかったケースが整理されています。これらのケースと比較しつつ、依頼者が裁量免責を認めてもらえるような事情を聴取し、陳述書・報告書に記載していきます。

　**実務の鉄則**

初めて事案に触れる裁判官等が一読して概要を理解できるように、時系列で、簡潔に記載しよう。客観的資料との整合性も念入りに！

6

資料の追完

メモを交付し、期限を定めて提出を求めよう

モデル事例 ▷ **追完資料はどのように提出してもらう？**

~引き続き、保須法律事務所にて~

若井：本日は長時間ありがとうございました。

　　　ご用意いただきたい資料等をメモにまとめましたのでお渡ししますね。

　　　まず、預貯金口座の取引履歴です。ABC ネット銀行は、2 年前の本日の日付以降の取引履歴を印刷してください。

　　　一番銀行最寄駅前支店は、2023 年 8 月以前の取引履歴が記載された通帳か、窓口で申請した取引履歴をご用意ください。あわせて、2023 年 11 月 22 日から 2024 年 7 月 12 日までの合算記帳部分の取引履歴の取得もお願いします。

日車：わかりました。すぐに対応します。

若井：次に、長内さんからの借入について、返済したか否かのご確認をお願いします。

　　　それと、雇用契約書をご準備ください。

日車：はい、わかりました。

若井：保険についてですが、保険会社に解約返戻金の試算書を作ってもらうか、約款をご用意ください。

　　　仮想通貨の有無のご確認もお願いします。

　　　それと、パソコンの購入日と購入金額をご確認ください。20 万円以上だった場合には、2 社以上の業者による見積りが必要になります。

日車：わかりました。もし見積りが必要になった場合、業者さんというのは、どこにお願いすればよいのでしょうか？

若井：見積りが必要になった際に、私のほうで業者を探してみます
　　　ね。あとは、ご自宅が賃貸ですので、賃貸借契約書をご用意
　　　ください。
　　　　負債に関しては、甥っ子さんの奨学金について保証人に
　　　なっているかのご確認をお願いします。自由財産の範囲の拡
　　　張の申立ての関係では、診断書等の資料をご準備ください。
　　　　それと、この「家計全体の状況」を、先月と今月の２か月
　　　分作成してください。日車さんは奥様と２人暮らしですから、
　　　奥様の収入や支出も含めて記載してください。わからないこ
　　　とがあれば、いつでもご連絡ください。
日車：はい、やってみます。
若井：取引履歴は取得に時間を要するものがあるので、今週中には
　　　申請をお願いします。それ以外のものは、今月中を目途にご
　　　対応ください。
　　　　ご用意いただく資料に通帳もあるので、来月上旬に資料を
　　　持参いただいて再度お打ち合わせをお願いします。もし打合
　　　せの日程がなかなか合わないようであれば、先に資料だけご
　　　郵送をお願いするかもしれませんが、その時はよろしくお願
　　　いします。
日車：わかりました。よろしくお願いします。

解説

1 依頼者に追完資料を指示する

　破産申立ての際には、様々な資料が必要になります。これらの資料を
１回の打合せですべて収集するというのは、まず不可能と言ってよいで
しょう。

　そのため、**打合せの最後には、必ず、追完をお願いする資料を依頼者
に伝える**ことになります。

　このとき、依頼者が几帳面な人であれば、自身でメモを取るなどして

対応してくれるのかもしれません。しかし、依頼者は法律家ではありませんので、こちらが伝えた情報を正しく聞き取り、メモできているとは限りません。また、聞き漏らしや聞き間違いがあるかもしれません。

そのため、追完資料は、**弁護士側でメモを作成して交付する**のがよいでしょう。

たとえば、住民票であれば、「発行から3か月以内、世帯全員のもので、本籍、筆頭者、続柄の記載があるもの。ただし、マイナンバーの記載がないもの」といった細かい指定があります。これを口頭で伝えても、正確に伝わらない可能性があります。そのため、私は、必ずメモを交付し、かつ、「わからなければ、このメモを役所の窓口に持参して、職員に見せてください」と伝えています。こういった場合もあるので、メモは、事情を知らない第三者（資料の申請をする窓口の職員など）が見ても、どういった資料を必要としているかがわかる程度に明確に記載します。

住民票とあわせて課税・非課税証明書の取得を指示する場合など、同じ役所で取得できる資料については、まとめて取得できるように、メモにも「どこで取得できるか」を記載しておくと親切です。

ほかにも、**取引履歴の取得を指示する場合には、どの口座について、いつからいつの分を取得するのかを明示**します。漠然と「去年の3月以降の分」と指示するのではなく、「2022年3月1日から取得日までの分」といった具体的な指示を心がけましょう。

追完資料の指示をする際は、それらの資料を**いつまでに準備するべきか、締切を明確に**します。これは、「いつでもいいですよ」などと伝えてしまうと、依頼者自身も後回しにしてしまい、そうしているうちに失念してしまうなどのリスクがあるからです。お互いのためにも、締切は明確に定めましょう。

また、このようなメモを残しておくと、弁護士側も、何をいつまでにお願いしたかを振り返って確認できるというメリットがあります。特に複数の破産事件を同時並行で扱っている場合、どの依頼者に何を指示したか記憶が混ざってしまうことがありますので、自身の頭の整理のためにも、メモを有効活用しましょう。

2 家計全体の状況を確認する

　家計全体の状況は、月ごとの収入と支出を報告させるものです。これは、申立人の生活の資金繰りを明らかにし、不自然な支出の有無や生活再建の目途が立つかなどを検討するための資料です。

　家計全体の状況は、申立人個人の分だけを書くのではなく、**家計を共にする世帯全体の分を合算して記載**します。

　後述するように、家計全体の状況は、諸事情により不正確な記載になりがちです。しかし、たとえば、預貯金口座の取引履歴の内容と入出金の記載が整合しないなど、客観的資料と整合しない記載になっている場合、申立書の他の記載についても信用性が減少しかねません。

　家計全体の状況を作成する際は、まずは依頼者にひな型を交付し、作成をお願いすることになるでしょう。もっとも、依頼者に作成してもらうのはあくまで原案であり、それをそのまま提出するべきではありません。

　申立代理人において、費目や金額の妥当性（たとえば、受任通知送付後の弁済をしていないか、不合理な支出がないか、など）を検証したり、他の客観的資料との整合性（たとえば、預貯金口座の取引履歴の内容と整合しているか、など）を確認したりして、適宜、依頼者に確認しつつ、完成させる必要があります。

■家計全体の状況作成のポイント

①客観的資料により金額が確認できるものから入力する

・取引履歴に基づき、前月・翌月繰越金（預貯金）を入力する。

・取引履歴に基づき、給与や年金等の収入欄、家賃や住宅ローン、水道光熱費、通信費等の支出欄を入力する。

・年金など数か月ごとに支給されるものは、費目欄に「（○か月分）」と付記し、支給額を入力する。

②依頼者から聴取等した内容を入力する

・客観的資料による確認が困難なもの（現金による取引等）は、依

頼者作成に係る家計全体の状況（原案）や聴取に基づき入力する。

・食費や日用品等の支出は、基本的には依頼者から聴取等した内容を入力する。ただし、家族構成に比して金額が過大である等の事情がある場合には、依頼者にレシート等を保管・提出してもらい、聴取等した金額が正しいかを検証する。

③前月・翌月繰越金（現金）を入力し、金額が整合するか確認する

・依頼者から聴取等をした内容と、前月・翌月繰越金（現金）の金額が整合するか確認する。

・繰越金を含む収入欄と支出欄の合計額は、必ず一致する。

・収入欄のほうが多い場合は、支出欄の記入漏れや金額の誤りを検証する。たとえば、聴取等した金額以上に食費や日用品等の支出が多額である場合が考えられる。

・支出欄のほうが多い場合は、収入欄の記入漏れや金額の誤りを検証する。たとえば、親族からの現金借入や、弁護士に開示していない収入源、預貯金口座が存在する場合が考えられる。

④その他依頼者からの聴取等内容と整合するか確認する

・自動車やバイクを所有していないと回答していたのに、駐車場代やガソリン代の支出がある場合には、支出の理由を確認する。

・保険料の支払や債権者への弁済がある場合には、保険証券の提出を受けているかや、債権者一覧に載っている債権者かを確認する。

・通信費の金額が高額の場合、通信会社の決済サービスを利用した物品購入代金等が含まれている可能性がある。取引明細を提出してもらう等して、通信費の内訳を確認する。

・取引履歴に家賃や水道光熱費の引落しがない場合には、現金で納付している可能性のほかに、弁護士に開示していない預貯金口座が存在する可能性がある。

③ スケジュール管理の重要性

　債権者に対して受任通知を発送すると、以後、債権者は申立代理人と連絡を取ることとなり、依頼者への直接の連絡がストップします。そうすると、依頼者は、これまで頻繁に来ていた債権者からの手紙や電話が来なくなり、ストレスから解放されることになります。

　依頼者が弁護士に依頼する動機のひとつには、こういったストレスから解放されたいというニーズがあるはずです。ですから、依頼者からすれば、弁護士に依頼した目的のひとつが達成されたことになります。

　このこと自体は素晴らしいことではあるのですが、ここで申立代理人が具体的な指示を怠ってしまうと、依頼者は安堵感から、つい指示された資料の収集を後回しにしてしまいかねません。依頼者のモチベーションは、時間経過に応じて目に見えて減少していきます。適切なタイミングで連絡を取るようにしないと、2～3か月もすれば、なかなか連絡が取れなくなり、折り返しの連絡ももらえなくなる、といった困った事態になることも珍しくありません。

　「鉄は熱いうちに打て」というように、**受任初期が最も重要な時期**です。この時期に、きちんと具体的な指示をして、期限が守られなかった場合にはすぐに依頼者に連絡を取るなどし、適切にスケジュールを管理しましょう。

　受任の際には、依頼者との連絡方法を確認しておきましょう。電話番号だけでなく、連絡のつきやすい・つきにくい時間帯も確認しておくとよいでしょう。

　また、書面の内容を確認してもらうために、メールアドレスも教えてもらったほうがよいです。近年は、電子メールよりも LINE のほうが連絡しやすいという方も増えました。依頼者にプライベートの LINE を教えることに抵抗がある方は、法律事務所の LINE 公式アカウントを開設して連絡を取る方法もあります。

　自宅宛てに郵便物を送る場合も想定されるため、郵便物を送って問題ないかも確認しておきましょう。

　これらの事項は、法律相談カードの項目として用意しておき、依頼者に記載してもらうと手間が省けます。

家計全体の収支のホンネと建前

　即日面接通信 vol.6 では、家計全体の状況の記載方法について「おおよその金額を記入するのではなく、実際の正確な金額を記入してください」と要望しています。

　この指摘は極めて正しいといえるのですが、その反面、申立代理人としては、破産申立ての準備において、ネックとなるもののひとつが家計全体の状況の収集です。

　そもそも家計全体の状況の作成は、その性質上どうしても、依頼者本人にお願いして原案を作成してもらうことになります。そうすると、依頼者本人が概算でしか把握していないものについては、正確な金額の把握にも限界が生じてしまいます。特に同居する家族がいる場合には、複数名分の収支を合算する都合上、より正確な金額の把握が困難になります。

　たとえば、毎月の食費については、多くの方が「たしか、だいたい 5 万円くらいだったかな」程度でしか把握していないでしょう。

　このときに、正確性を突き詰めようとすれば、たとえば、依頼者からスーパー等での買い物レシートを提出させたり、外食時のレシートを提出させたりする方法が考えられます。しかし、多数の案件を同時並行で扱う弁護士が、すべての案件について、毎月の食費のレシートを集めて Excel などに入力していき、正確な食費を算出しようとするのは、非常に煩雑です。

　また、家計全体の状況（申立て前 2 か月分の提出が必要）や預貯金口座の取引履歴（申立て前 1 週間以内に記帳して確認することが必要）、住民票（発行から 3 か月以内に限り有効）といった、有効期間に制限がある資料については、準備に時間を要すると、その都度、取得し直す必要性が生じます。

　破産事件は「順調に進めば受任から 3 か月程度で申立てに至ることができる」と言われます。しかし、申立てに 3 か月以上の期間を要する案件が少なくない原因は、ここにあります。

すなわち、家計全体の状況や取引履歴の取得を依頼者に指示したところ、家計全体の状況は完成したものの、取引履歴の準備が間に合わず、取引履歴の取得を再度指示したところ、翌月に入ってしまい、家計全体の状況を取得し直すことになり……というループに陥りがちなのです。

　家計全体の状況の正確性を追求するあまり、申立てが遅延しては元も子もありません。そのため、適切な時期の申立てを軸としつつ、可能な限りで正確性を追求する（やむを得ない場合には、せめて数万・数千円単位までの概算で妥協する）といった対応も考えざるを得ないのがホンネです。

　もちろん、同居人数を考慮した上で不相当に食費が高額であるなど、不相当な支出が疑われる場合には、レシートを提出させて内容と金額を検証することも必要です。要するに、何事もバランスが大事ということです。

 実務の鉄則

　1回の打合せですべての資料を収集するのは、まず不可能。指示を詳細に記載したメモを渡して、後日の提出をお願いしよう。
期限は必ず守ってもらい、遅れたら催促しよう。鉄は熱いうちに打て。

委任契約書の締結
受任範囲を明確にしよう

モデル事例 ▷ 委任契約書に書くべき内容は？

〜引き続き、保須法律事務所にて〜

若井：最後になりますが、委任契約書の締結と委任状の作成をお願い
　　　します。当事務所の報酬規程では、非事業者の自己破産事件の
　　　場合、着手金が消費税別で 20 万円、報酬金はなしとなります。
　　　また、弁護士費用のほかに、裁判所に収める費用等がかかり
　　　ます。具体的には、申立時の印紙・郵券代、予納金、その他
　　　通信費などの実費です。

　　　　日車さんの場合、生命保険の解約返戻金が 20 万円以上あ
　　　るため、管財事件になります。そのため、申立時の印紙代
　　　1500 円、郵券代 4400 円、官報公告費用 1 万 8543 円のほか、
　　　引継予納金が最低 20 万円かかるのでご了承ください。

日車：わかりました。よろしくお願いします。

若井：法テラスの利用は希望しないということでよろしいですか？

日車：こちらの事務所にご相談する前に、法テラスにも連絡したの
　　　ですが「基準を満たさない」と言われました。

若井：承知いたしました。委任契約書の内容についてご説明します
　　　ので、わからないことがあればおっしゃってください。

　　　　特に、今回は破産事件ということで、破産される方に守っ
　　　てもらわなければならないルールがいくつかございます。委
　　　任契約書の別紙に注意事項としてまとめてありますので、よ
　　　く読んでおいてください。これらのルールを守っていただけ
　　　ない場合、委任契約の解除事由となり、私も辞任することに
　　　なりかねませんので、お気を付けください。

日車：わかりました、気を付けます。

若井：委任状は、当事務所のひな型に事件名と管轄裁判所名を記入しておきました。こちらに本日の日付と住所氏名、押印をお願いします。

1 委任契約書を締結する

　弁護士が事件を受任する際は、「弁護士報酬に関する事項を含む委任契約書を作成」しなければなりません（弁護士職務基本規程30条1項本文）。この趣旨は、受任範囲と弁護士報酬額を明確化し将来的なトラブルを防ぐ点にあります。

　破産事件を受任する際は必ず委任契約書を締結しましょう。

2 委任契約書に明記しておくべき事項

　委任契約書は、弁護士会で用意されている一般的な契約書を使用しても、自身の事務所で用意しているひな型を使用してもよいです。

　いずれにせよ、**受任範囲と弁護士費用が一義的に明確になるように**定めておくことが望ましいです。これらの点が明確になっていないと、後に受任範囲外の事項を追加費用なく求められるなどトラブルの元です。

　また、後述するように、破産事件においては依頼者に注意してもらうべき事項がいくつかあります。このような注意事項について、あらかじめ依頼者に知らせておくとともに、遵守してもらえない場合には辞任せざるを得ない場合があることを説明する観点から、委任契約書の備考欄等にも追記しておくことが考えられます。

3 依頼者に伝えるべき注意事項

　破産事件の依頼者には、以下の各事項を遵守するようにお願いしてお

きましょう。委任契約書に備考として追記したり、別紙として添付したりして、遵守しなかった場合には委任契約の解除事由になり得ることを明確にしておくとよいです。

■破産事件の依頼者に伝えるべき注意事項

- ・委任契約締結後は、新たな借入やクレジットカードの使用をしないこと
- ・親族等に対して偏頗弁済をしないこと
- ・債権者から連絡があった際は、直接対応をせず、申立代理人と話をするように伝えること
- ・申立代理人からの連絡には可能な限り早期に対応すること。質問事項には正直に回答すること
- ・破産手続中に転居することになった場合は、事前に申立代理人に報告し、速やかに新しい住民票（本籍地の記載があるもの）を申立代理人に提出すること
- ・債権者集会及び免責審尋には必ず出頭すること

また、管財事件になる可能性がある場合は、次の事項についても説明し、承諾を得ておくとよいです（中山孝雄・金澤秀樹編『破産管財の手引〈第2版〉』（金融財政事情研究会、2015年）446頁掲載の「破産者に対する注意事項（個人の破産者の方へ）」も参照）。

■管財事件になる可能性がある場合に伝えるべき注意事項

- ・同時廃止事件を希望していても、裁判所の判断により管財事件に振り分けられることがあること
- ・破産者宛の郵便物は、破産管財人に転送され、開封されること（破産法81条1項、82条1項）
- ・2泊以上（海外の場合は1泊以上）の宿泊を伴う外泊をする際は、事前に破産管財人の許可を要すること（破産法37条1項）
- ・破産管財人からの質問には回答する義務があり、違反した場合には免責不許可や罰則といった不利益があること（破産法40条1

項1号、250条2項、252条1項8号、11号、268条）
・自動車やバイクを有している場合、破産手続開始決定後は破産財団からの放棄等が完了するまで使用してはならないこと

4 報酬の決め方

　かつては、日弁連において弁護士報酬基準を定めていました（いわゆる旧日本弁護士連合会報酬基準）。しかし、自由競争の観点から適切ではないと考えられ、2004年4月1日に廃止され、弁護士の報酬に関する規程が設けられました。同規程では、弁護士は、弁護士報酬に関する基準を作成し、事務所に備え置くこととされています（3条1項）。また、この報酬額は、適正かつ妥当なものでなければなりません（同規程2条）。

　このような経緯から、弁護士の報酬基準は自由化されているものの、多くの弁護士は旧日本弁護士連合会報酬基準に準じた報酬基準を設けていることと思います。

　複雑な事件や作業量が多い事件ほど、報酬額を多く設定するのが一般的です。もっとも、高額な報酬を受領しておきながらずさんな申立てをした場合、破産管財人から、申立代理人に対する報酬の支払について否認権が行使されることもあり得ますので注意しましょう。

　なお、旧日本弁護士連合会報酬基準では、破産事件の報酬について、以下のように規定しています。

■破産事件の報酬についての旧日本弁護士連合会報酬基準27条

　破産、会社整理、特別清算及び会社更生の各事件の着手金は、資本金、資産及び負債の額、関係人の数等事件の規模並びに事件処理に要する執務量に応じて定め、それぞれ次の額とする。ただし、右各事件に関する保全事件の弁護士報酬は、右着手金に含まれる。
　一　事業者の自己破産事件　　50万円以上
　二　非事業者の自己破産事件　20万円以上
　三　自己破産以外の破産事件　50万円以上

四～六　〔略〕

　2　前項の各事件の報酬金は、第 17 条の規定〔民事事件の着手金及び報酬金〕を準用する。この場合の経済的利益の額は、配当額、配当資産、免除債権額、延払いによる利益及び企業継続による利益等を考慮して算定する。ただし、前項第 1 号及び第 2 号の事件は、依頼者が免責決定を受けたときに限り、報酬金を受けることができる。

　3　〔略〕

　このように、旧日本弁護士連合会報酬基準では、破産事件の報酬について、いわゆる着手金・報酬金形式が採用されています。

　しかし、破産事件において報酬金を設定することについては、破産債権であって免責されるはずであること、破産者の経済的更生を阻害するおそれがあることから、正当性に疑義が呈されているところです（髙橋宏志「個人破産申立て代理人弁護士の成功報酬と免責」『伊藤眞古希記念論文集』（有斐閣、2015 年）915 頁）。

　そのため、破産事件の報酬については、**着手金のみを設定し、報酬金は設定しないという弁護士も多い**ようです（2009 年 8 月に日弁連が公表した「市民のための弁護士報酬ガイド」によれば、アンケートに回答した弁護士の 66％が個人破産の報酬金を設定していません）。私の事務所の報酬規程でも、破産の場合には報酬金を設定していません。

　報酬の定め方については、各弁護士・事務所によって考え方も様々でしょう。いずれにせよ、依頼者にきちんと説明し、納得してもらったうえで事件を処理することが大切です。

5 報酬・費用は早期に確保する

　弁護士報酬と申立費用は、委任契約締結後、速やかに受領しておくことが望ましいです。早期に確保しておかないと、「受任通知の発送や債権者との連絡調整をした後で、預貯金口座が差し押さえられたり金融機関に相殺されてしまったりして預貯金がなくなり、破産申立てもできずタダ働きになってしまった」ということもあり得るからです。

依頼者が最も手続の進行に協力的なのは、受任直後です。受任から時間が経過するにつれて、他にやるべき事項が生じたり、債権者から直接連絡が来なくなった安心感からか気が緩んでしまったりして、どうしても依頼者の動きが遅くなっていきます。特に、ただでさえお金がなくて困っているのが破産事件の依頼者ですから、日々の生活に一生懸命になり、報酬や費用の支払が遅れてしまうことも珍しくありません。

しかし、報酬・費用を早期に確保することは、破産事件を進行させるためにも不可欠な事項であり、依頼者自身の利益につながることです。依頼者自身のためにも、報酬・費用は早期確保に努めましょう。

6 委任状を作成する

委任状に記載する事件名は、「破産手続開始及び免責許可申立て事件」とすることが多いです。裁判所名欄は、管轄権のある裁判所を書きましょう。なお、日付が未記入だと裁判所から補正指示を受けますので、必ず依頼者に記入してもらうようにしてください。訂正印として利用できるように、余白に捨印も押してもらうと訂正しやすいです。

7 法テラスの利用を検討する

自己破産を希望する依頼者は、当然ながら、資産に余裕があるわけではありません。そのため、日本司法支援センター（法テラス）の利用が可能な場合が多いです。

また、弁護士職務基本規程33条は、「弁護士は、依頼者に対し、事案に応じ、法律扶助制度、訴訟救助制度その他の資力の乏しい者の権利保護のための制度を説明し、裁判を受ける権利が保障されるように努める」と定めています。要するに、弁護士は、資力の乏しい依頼者に対しては、法テラスが行っている民事法律扶助制度を説明し、可能な限りそれを利用するよう勧めることが要請されており、支払能力の不足を理由とする受任拒否はすべきでないことになります。

私の個人的な感覚ですが、個人破産の場合には、10件中8件くらい

の割合で法テラスの利用要件を満たしているように思います。

(1) 法テラスの民事法律扶助制度

　法テラスの民事法律扶助制度とは、民事・家事・行政事件における交渉や調停、裁判などの手続の代理や、裁判所に提出する書類の作成を弁護士に依頼した場合の費用（着手金・実費など）を法テラスが立て替え、被援助者から分割で法テラスに費用を返済させる制度です。

　あくまで立替払いなので、法テラスを利用する場合は、依頼者に対して、**法テラスに対する返済義務がある**ことを説明しておきましょう（ただし、後述する免除申請が認められた場合は、返済が免除されます）。

　また、法テラスを利用した場合は、**弁護士費用は法テラスの基準により算定**されます。所属事務所の報酬基準によって算定するわけではありませんので、注意しましょう。加えて、法テラスを利用した場合は、法テラスに対して、適宜、**報告書等を作成・提出**しなければなりません。

　なお、**法テラスを利用した場合、被援助者から金銭その他の利益を受けてはなりません**（日本司法支援センター業務方法書45条）。金銭等を受け取ってしまうと、懲戒処分の対象となります。もっとも、被援助者負担となる予納金を預かることは問題ありません（ただし、自己の金銭と区別し、預り金であることを明確にする方法で保管・記録しなければなりません。日本司法支援センター法律事務取扱規程4条10号）。

(2) 利用基準

　法テラスを利用するためには、①資力基準を満たすこと、②勝訴の見込みがないとはいえないこと、③民事法律扶助の趣旨に適すること、の3つの要件を満たす必要があります。

　②の勝訴の見込みがないとはいえないこととは、自己破産の場合は、免責見込みがないとはいえないことを指します。

　③民事法律扶助の趣旨に適することとは、報復的感情を満たすためだけに行う場合、宣伝のために行う場合、権利濫用的な訴訟の場合などを除外する趣旨なので、自己破産の場合は特に支障にならないでしょう。

　特に気を付けなければならないのは①資力基準です。資力基準は収入

基準と資産基準の2つに分けられ、両方を満たす必要があります。

　収入基準を満たすには、申込者及び配偶者（両者を合わせて「申込者等」といいます）の手取り月収額（賞与を含む）が一定の基準（単身者の場合、手取り月収が18万2000円以下、2人家族の場合は25万1000円以下である等）を満たしている必要があります。申込者等と同居している家族の収入は、家計に貢献している範囲で申込者等の収入に合算されます。

　収入基準は、同居している家族の人数、地域に応じて設定されています。また、家賃や住宅ローンを負担している場合には、一定の限度で、基準額が引き上げられます。その他、住民税の負担額なども考慮され得るので、基準を満たすか否かの判定が難しい場合には、最寄りの法テラスに相談するとよいでしょう。

　資産基準を満たすには、申込者等が不動産や有価証券などの資産を有する場合に、その時価と現金、預貯金との合計額が一定の基準を満たしている必要があります。将来負担すべき医療費、教育費などの出費がある場合は、相当額が控除されます。自己破産の場合には、依頼者に資産がないことが多いので、資産基準が問題になることは多くないでしょう。

(3) 申込書類

　法テラスに援助申請をする場合は、以下の必要書類を揃えて法テラスに提出することになります。申請はファックス送信が可能です。

①援助申込書及び法律相談票

　援助申込書には、依頼者の特定に関する情報や、資力に関する情報を記入します。記入欄の指示に従って、依頼者本人に記入してもらいます。特に**自署が必要な欄もありますので、忘れずに署名**してもらいましょう。

　援助申込書の裏面は、法律相談票になっています。こちらは、法律相談で確認した事項を記入します。相談概要については、法テラスに援助申込（審査回付）をする場合には、事件調書の記載を引用できます。

②事件調書

　事件調書は、「自己破産事件」用のシートを使用します。

　法テラスへの償還方法についても、法律相談時に依頼者に確認してお

きましょう。

　多重債務の状況と経過を記載する欄があるので、法律相談時に確認した債権者及び負債総額、借入時期等を記入します。債務超過に至った具体的事情を記載する必要があるので、要点を整理して記入します。

　免責不許可事由の有無と管財事件の可能性を記入する欄もありますので、この２点についても法律相談時に確認しておきましょう。

③資力の根拠資料等

〈生活保護受給中でない場合〉

　資力申告書の提出が必要です。依頼者本人に記入してもらいましょう。

　あわせて、資力の根拠資料が必要です。たとえば、給与所得者であれば給与明細（直近２か月分）や課税（非課税）証明書が根拠資料となります。給与明細が最も直近の状況を確認できる資料といえるので、できるだけ給与明細を準備してもらいます。

　もっとも、破産事件の依頼者は、資料の準備に時間がかかる方が多いです。そのため、準備に時間がかかりそうな場合は、市・区役所で取得できる課税（非課税）証明書（直近のもの）を取得してもらいましょう。住民票の準備も必要になるため、あわせて対応してもらうのがよいです。

〈生活保護受給中の場合〉

　生活保護受給証明書（発行日から３か月以内のもの）が必要です。市・区役所の窓口で申請して取得してもらいます。

④住民票

　世帯全員のもので、本籍、続柄、筆頭者の記載があるもの、マイナンバーの記載がないもの、発行日から３か月以内のもの、でなければなりません。指定が細かいので、メモを渡しておき、市・区役所の窓口に提示してもらうと確実です。

⑤債権者一覧表

　自己破産の援助申請のためには、債権者一覧表の作成・提出が必要です。申請時点での債権者一覧表は、最低限、債権者名と負債額（概算額）の記入があれば十分です。

　債権者の住所、連絡先や借入の始期・終期等は、援助開始決定後に受任通知を送付し債権調査票の返送を受けてから埋めていけばよいです。

⑥口座引落書類

　法テラスの援助が開始された場合、依頼者は、法テラスに対して、立替金を分割で支払うことになります。その際、預貯金口座からの引落になるので、その預貯金口座を届け出ることになります。

　「自動払込利用申込書兼預金口座振替依頼書」に、預貯金口座の情報を記載してもらい、届出印で押印してもらいます。この書類と記載例は法テラスのホームページにあるので、依頼者に渡して記載してもらいましょう。この書類は、援助開始決定後は原本を法テラスに提出することになるので、あらかじめ他の資料と一緒に原本をもらっておきます。

　また、口座情報が確認できる書類が必要になります。たとえば、預貯金通帳の写しやキャッシュカードの写しが挙げられます。金融機関名、支店名、種別、口座番号、名義人が確認できるものを用意します。

　これらは、生活保護受給中の方であっても提出を求められます。

■法テラス利用申込みに必要な書類

---

①援助申込書及び法律相談票

・必要事項を記入する（依頼者自署欄の記入漏れに注意）

②事件調書

・自己破産事件用シートを使用する

・償還方法も依頼者に確認しておく

・多重債務の状況と経過を記載する（具体的事情欄も記載する）

・免責不許可事由の有無、管財事件の可能性欄を記載する

③資力の根拠資料等

〈生活保護受給中でない場合〉

・資力申告書を作成する

・給与明細（直近２か月分）や課税（非課税）証明書など資力の根拠資料を提出してもらう

〈生活保護受給中の場合〉

・生活保護受給証明書（発行日から３か月以内のもの）を提出してもらう

---

④**住民票**

・世帯全員のもので、本籍、続柄、筆頭者の記載があるもの、マイナンバーの記載がないもの、発行日から３か月以内のものを提出してもらう

⑤**債権者一覧表**

・債権者名と負債額を記入する

⑥**口座引落書類**

・引落口座情報を記載する

・銀行届出印で押印する

・口座情報が確認できる資料を提出してもらう

※生活保護受給中の方でも提出を要する

⑷ 援助開始決定が出たら

　申請後、書類不備などがなければ、２週間〜１か月程度で援助開始決定が届きます。援助開始決定が出たら、委任契約書及び重要事項説明書に署名押印してもらい、法テラスに返送します。あわせて、裁判所に提出するための委任状にも署名押印してもらいましょう。

　委任契約書と重要事項説明書各１通とあわせて、「自動払込利用申込書兼預金口座振替依頼書」の原本を法テラスに提出します。その時点までに債権者に受任通知を発送しておき、受任通知の写しと法テラス宛の着手報告書を同封してしまうとよいでしょう。

　法テラスで立て替えられる金額は、実費と弁護士報酬です。実費には、申立時の印紙代と郵券代が含まれます。他方で、**予納金（官報公告費用と管財事件の場合の引継予納金）は原則として含まれません**ので、依頼者本人に準備してもらう必要があります。

　例外として、生活保護受給者の場合には、予納金も法テラスで立て替えてもらえます。ただし、援助開始決定時には同時廃止事件の基準で算定され、管財事件になった場合には追加支出するという流れになります。追加支出申請書には、依頼者の署名押印の必要な書類もあります。そのため、**管財事件になる見込みの案件については、事前に、追加支出用の**

書類にも署名押印してもらっておいたほうがよいでしょう。

　法テラスを利用している場合、予納金等を預かる場合を除き、依頼者から直接金銭の支払いを受けることはありません。この点の理解を誤り、依頼者から別途金銭の支払いを受けてしまうと、懲戒事由にあたり得ますので注意しましょう。

■法テラスを利用した場合の、各種金銭と弁護士の受領の可否

費目	依頼者から受領の可否
弁護士報酬	×
印紙代	×
郵券代	×
官報公告費用	○
引継予納金	○

　なお、事件処理の途中で処理方針を変更するなどの事情の変化があれば、中間報告書を提出して法テラスの判断を仰ぎます。また、事件処理が終わった場合には、終結報告書を忘れずに提出しましょう。

　生活保護受給者の場合、法テラスで立て替えた弁護士費用等の返済が援助終結まで猶予されています。そのため、原則として、援助終結後から法テラスに対する返済が開始されます。もっとも、生活保護受給者の場合には、立替費用の免除申請が可能です。これは、援助終結後1～2か月以内に、生活保護受給証明書を添付して、所定の申請書を法テラスに提出しなければなりません。あらかじめ、依頼者に対して、免除申請が必要であることを説明しておくとよいでしょう。

実務の鉄則

委任契約書は必ず締結しよう。注意事項もあわせて伝えておくとよい。報酬と申立費用は早期に確保しよう。

1

受任通知の発送
記載内容とタイミングに注意しよう

> **モデル事例** ▷ 受任通知には何を書けばよい？

～日車氏との打合せ終了後、保須法律事務所にて～

若井：……よし、受任通知ができたぞ。あとはこれを債権者に送付すれば大丈夫だ。

原井：先生、お疲れ様です。受任通知の発送ですか？

若井：原井さん、お疲れ様です。ええ、これから発送です。

　　　あ、でも、債権者の「ポンド株式会社」は、催告書なども届いていないから、どこに受任通知を送ればいいのだろう……？

原井：ポンド株式会社は、有名な消費者金融ですね。ホームページなどで電話番号を確認し、電話で問い合わせをしてみるといいと思います。

若井：そうですね、そうしてみます。

原井：債権者のなかに一番銀行もあるのですね。依頼者は一番銀行に口座を開設していませんか？

若井：はい、最寄駅前支店に口座を開設しています。

原井：そうなると、受任通知が届いた時点で預貯金債権と相殺されてしまいますね。受任通知の発送前に、一番銀行の残高を依頼者に確認し、必要があれば引き出しておいたほうがよいですよ。

若井：ありがとうございます。早速依頼者に電話して確認してみます。

1 受任通知を作成する

　受任通知とは、当該依頼者について代理人に就任した旨を通知する文書をいいます。

　通常、受任通知には、依頼者の氏名と受任した案件の概要を記載し、誰の何の案件を受任したのかが適切に伝わるようにします。

　破産事件の場合は、債権者側で債務者情報を特定する都合があるため、**氏名（フリガナもあったほうがよいです。また、契約時と現在とで姓が異なる場合には、旧姓も記載したほうがよいでしょう）、生年月日と住所（契約時の住所と現住所が異なる場合には、契約時の住所も記載します）**などの情報も明記します。

　債権者側では、特に貸金業者の場合、債務者の特定のため債務者ごとに契約者番号や個人識別番号などを付していることが通常です。そのため、債権者ごとに受任通知の記載内容をアレンジするのであれば、契約者番号などを記載するとよいでしょう。

　もっとも、私の場合、労力削減のため、貸金業者宛ての受任通知は記載内容を統一し、宛名は「債権者各位」とし、債務者の特定のための情報は、氏名、フリガナ、生年月日、住所（必要に応じて過去の住所）を記載するにとどめています。受任通知を受領した貸金業者は、委任関係の確認や債務者情報の確認のために電話をかけてくることが多いため、その時に契約者番号等を回答できるようにしておけば足りると考えているからです。

　その他、受任通知の記載内容として以下の事項があります。

(1) 今後は弁護士が代理人となって債務整理手続を進めること

　受任通知には、誰から、何を受任したのかを明記する必要があります。破産申立てを受任したのであれば、その旨を明記します。もっとも、受任通知を発送する時点では、資産や負債の正確な金額等がわかりませんし、それらの調査結果次第では、別の手続を選択することもあり得ます。そのため、受任通知には単に「債務整理」とだけ記載することが多いで

しょう。

　また、後述する⑶とも関連しますが、受任した弁護士の氏名や連絡先も明記します。

⑵　以後の弁済を停止すること

　受任通知は、基本的には支払停止に該当します。そのため、受任通知を送付した後は、弁済をすべきではありません（破産法 162 条 1 項 1 号イ、252 条 1 項 3 号）。そこで、受任通知には、以後弁済を停止する旨を記載しておくとよいでしょう。

⑶　依頼者や関係者への連絡を控えてほしいこと

　受任通知送付後は、貸金業者は、本人への直接連絡が法律上禁止されます（貸金業法 21 条 1 項 9 号）。もっとも、貸金業者以外の債権者（取引先や友人など）は、本人への直接連絡が法的に禁止されるわけではありません。

　しかし、だからといって本人への直接連絡をされてしまうと、本人が、弁護士の知らないところで債務承認や弁済の約束をしてしまうかもしれませんし、そうでなくても情報が錯綜して手続の進行上支障が生じるおそれがあります。

　そのため、**依頼者本人や関係者（親族や保証人など）への連絡を控えてほしい旨記載し、弁護士が連絡窓口になる**ようにします。

⑷　取引履歴を送付してほしいこと

　受任通知には、**債権者と依頼者との最初から最後までの取引の履歴を**送付してもらいたい旨記載します。

　貸金業者の場合には、債務者ごとに帳簿（取引履歴）を作成保存している（貸金業法 19 条）ので、それを開示してもらうことになります。

　他方で、貸金業者以外の債権者の場合（特に個人債権者）は、取引履歴を作成保存していないこともあり、どのような体裁で回答すればよいか迷うことがあります。そのため、このような債権者については、受任通知に債権調査票のひな型を添付するとよいでしょう。

債権調査票は、①債権者名（法人の場合は担当部署及び担当者氏名）、②住所・本店所在地、③電話番号、ファックス番号、④債権の発生原因、日時、当初債権額、現在額、利率及び遅延損害金率、⑤担保設定の有無（あればその対象物）、保証人の有無（あれば保証人の氏名）の回答欄を設けていれば、どのような書式でも問題ないと思われます。

(5) 債務の承認をするものではないこと

取引履歴を確認した結果、ある債務について消滅時効が完成していることが判明することもあります。このような場合に消滅時効を援用できるようにするため、受任通知には、債務承認（民法152条1項）をするものではないことを明記しておくとよいでしょう。

(6) 過払金請求権がある場合には支払催告をすること

利息制限法に基づく引直し計算をした結果、ある債権者に対して過払金請求権があることが判明することもあります。このような場合に消滅時効の完成を防ぐため、受任通知には、過払金請求権がある場合には本書を以て支払の催告をする旨を明記しておくとよいでしょう。

2 受任通知を発送する

受任通知は、原則として、受任後速やかに各債権者の住所宛に発送します。

ただし、貸金業者の場合、本社とは別に債権管理用の部署を設けていることがあります。このような場合に、本社宛に受任通知を郵送すると、社内での情報共有に時間がかかり、その間に債権者から債務者本人に連絡が入ってしまうこともあります。

そのため、**特に貸金業者の場合には、事前に電話等によって受任通知の送付先を確認しておくと無難**です。債権者によっては、郵送ではなくファックスでの送信を受け入れているところもありますので、送付方法も確認します。

債務を完済しており現時点で負債のない貸金業者についても、過払金

が存在する可能性がある場合には、過払金の有無を確認する趣旨で受任通知を送付することが考えられます。

　なお、債権者だからといって、**公租公課の債権者（役所等）については、受任通知を送付しないほうがよい**です。公租公課の債権者に受任通知を送付した場合、破産手続開始決定前に滞納処分を受ける可能性があります。そして、滞納処分については、一般の債権に基づく強制執行と異なり、破産手続開始決定前にされてしまうと続行を防ぐことができません（破産法43条2項）。そのため、申立費用を捻出できなくなるおそれが生じます。

③ 相殺には要注意

　銀行からの借入がある場合、その銀行に受任通知を送付すると、受任通知が到達した時点での預貯金債権と相殺されてしまいます（破産法71条2項2号）。

　そのため、**特に銀行については、受任通知を発送するタイミングをよく考えなければなりません。**タイミング悪く、給与等の振込があった直後に受任通知が届いてしまうと、給与等を含んだ額の預貯金債権と相殺されてしまい、依頼者が生活に困窮することになりかねないからです。

　受任通知を送付する際には、依頼者に対して、直近で給与等の入金があるか否かを確認するとともに、預貯金があれば引き出しておくように助言しておくとよいでしょう。あわせて、給与等の振込先口座を、負債のない銀行に変更しておくことも忘れてはなりません。

実務の鉄則

依頼者の氏名と受任した案件の概要を記載し、誰の何の案件を受任したのかがわかる受任通知を発送しよう。
銀行へ発送すると預貯金債権と相殺される可能性がある。振込があった直後に受任通知が届くことがないようタイミングに気をつけよう。

事務員との仕事の仕方

　多くの法律事務所では、弁護士業務を補助する事務員（事務所によっては、職務内容等に応じて「秘書」「パラリーガル」等と区別しているかもしれませんが、本書では総称して「事務員」とします）を雇用し、ともに業務にあたっていることと思います。

　中には、下手な弁護士よりも経験豊富な事務員の方もいらっしゃいます（本書に登場する「原井」さんも、そのようなスーパー事務員です）が、事務員はあくまで弁護士の補助職であり、事件処理に関するすべての責任は弁護士にあることを忘れてはなりません。

　たとえば、破産申立てを含む債務整理事件を受任するにあたっては、弁護士による債務者との直接面談が義務付けられています（債務整理事件処理の規律を定める規程3条1項本文）。面談時に聴取事項の記録等のために事務員を同席させることはできますが、聴取の進行自体は弁護士の役割ですから、事務員に丸投げしてはいけません。ましてや、弁護士が直接面談せず、依頼者とのやり取りをすべて事務員が行っている、などという事態は言語道断というべきでしょう（このような法律事務所については、非弁提携（弁護士法27・72〜74条。弁護士職務基本規程11条）が疑われます）。

　また、債権者からの問合せ等の対応も、本来的には弁護士が行うべき業務です。事前に事務所内で取り決めた事項（債務者の特定に関する事項に限り回答する等）の範囲内で事務員が対応することは問題ありませんが、その範囲を超える事項は必ず弁護士が対応しましょう。

　申立書等の作成に際しても、事務員の補助は欠かせません。もっとも、弁護士の名前で提出する書類については、必ず事前に弁護士がその内容を確認し、自己の責任において提出しましょう。提出した書面の内容について、「ここの記述は事務員が書いたから、私にはわかりません」「ここの誤記は、事務員がしたものなので、私の責任ではありません」などという言い訳は通用しません。

2

債権者対応
弁済禁止を説明しつつ、誠実に対応しよう

モデル事例 ▷ 債権者からの問合せにどう対応する？

～受任通知発送から１週間後、保須法律事務所にて～

（電話の着信音）

若井：はい、保須法律事務所です。

長内：もしもし、私は長内と申します。若井先生はいらっしゃいますか？

若井：はい、私です。

長内：先日、日車さんの件で若井先生から書面が届いたのですが、どういうことでしょうか？

若井：長内さんですね。ご連絡ありがとうございます。

　　　日車さんですが、負債が多く、弁済していけなくなってしまったため、自己破産の申立てをすることになりました。先日お送りした受任通知は、破産申立ての準備に入ったことをご案内する書面です。なお、債権者の方々に対する負債については、法律上、弁済をすることができませんのでご了承ください。

長内：そんな、必ず返すと約束していたのに……。私が直接日車さんと話をして、お金を返してもらうことはできないのですか？

若井：ご迷惑をおかけして申し訳ありません。しかし、法律上、弁済をしてはならないことになっているので、日車さんに弁済を求めることはお控えください。

長内：そうですか……。日車さんに貸したお金は、今後、どうなるのでしょうか。

若井：破産手続開始決定が出ると、債権者のもとに裁判所から通知書等の書類が届きます。その書類に従って、破産債権の届出をしてください。配当に至る案件であれば、配当金を受け取れる可能性があります。もっとも、日車さんの件では、配当に至らない可能性が高そうです。

長内：わかりました。裁判所からの書類を待つことにします。その書類が届くのはいつ頃でしょうか？

若井：現在は資産調査中ですので、その調査が終われば間もなく申立てができると思われます。早ければ2〜3か月程度になるかと思いますが、状況次第では延びてしまうかもしれませんので、あらかじめご了承ください。

　　　長内さんは、日車さんに対していくらの債権をお持ちなのですか？

長内：私は、昨年末頃に15万円を貸しました。借用書は作っていませんが、日車さんの口座に振り込んだので、その履歴は残っています。

若井：（日車さんの一番銀行の取引履歴で見た時期、額と同じだな）そうですか。私がお送りした書面のなかに「債権調査票」というものがあったかと思います。その「債権調査票」に、長内さんの氏名、住所、連絡先等のほか、貸付日、金額、返済期限等を記載して、私にご返送いただけますか？

長内：わかりました、記載して若井先生の事務所に郵送します。

若井：お手数をおかけしますが、よろしくお願いいたします。

解説

1 債権者からの問合せに対応する

　受任通知を発送すると、受領した債権者から様々な問合せが来ることが想定できます。

　貸金業者であれば、債務者の特定について確認の連絡が来ることがあ

ります。もっとも、貸金業者の場合は、債務者が破産するという事態は想定の範囲内のできごとですので、大きな問題は生じないことがほとんどです。

　これに対し、貸金業者以外の債権者（特に個人）は、債務者が破産すると聞いて、混乱し、焦って申立代理人に連絡をしてくることがあります。この場合には、債務者が破産申立てを弁護士に委任したことや、破産手続に関する一般的な説明などを丁寧に行う必要があります。

　特に、破産手続について知識がない債権者は、弁済が禁止されることを知らず、急いで債権を回収しようとして、債務者を直接訪ねるといった対応を取ることもあります。そういった事態を防ぐためにも、法律上、弁済が禁止されることを債権者に明確に説明します。

　私の場合は、たとえば、受任通知の送付で驚かせてしまったことのお詫びをしつつ、債務者の経済状況に鑑みてやむを得ず破産という選択をしたこと、法律上弁済をすることができないことを説明し、今後の手続の流れの説明とあわせて破産手続への協力のお願いをしています。

2 何をどこまで説明するかを決めておく

　債権者からの問合せに対して、何をどこまで説明するかはあらかじめ決めておきましょう。他の弁護士や事務員と共同して対応している場合に、人によって説明する内容が異なってしまうのはよくありません。

　債権者からよく質問される事項としては、
・方針（破産手続なのか再生手続なのか等）
・申立て時期の見込み
が挙げられます。これらについては、変更の可能性があることを留保しつつ現時点の予定を回答するのは問題ないと思われます。他方で、たとえば、債務者の資産や勤務先等の情報は、強制執行を誘発しかねませんので、回答するべきではありません。

　また、債権者以外からの問合せがあった場合は、破産事件との関連性が確認できるまでは何も回答するべきではないでしょう。

破産手続開始決定後は「情報の配当」に協力する

　破産手続開始決定前の時点では、債権者に対して何をどこまで説明するか、慎重に検討しておく必要があります。

　これに対して、破産手続開始決定後は、破産者には、破産管財人等に対する説明義務（破産法40条1項1号）及び重要財産開示義務（41条）が課せられます。そのため、破産者は、破産手続において必要な事項については、正直に回答しなければなりません。

　このような破産者の説明義務等は、債権者に対する情報の開示を図ること（いわゆる「情報の配当」）により、破産手続に対する国民の信頼を確保する観点から重要なものとされています。

　そもそも、破産事件の多くは配当に至らずに終了します（令和2年度司法統計では、総数7万9348件のうち、配当に至ったのは6610件と約8％にとどまります）。また、配当に至った事件であっても、その配当率は高くありません（確認できる限りで最も新しい統計は、平成16年度司法統計です。配当による終結事件総数5728件に対して、配当率5％までの事件が3098件と半数を超えています）。

　このような状況だからこそ、破産法は、不利益を受ける債権者のために、破産手続に参加する機会を保障し、「情報の配当」として情報開示を積極的に行おうとしているのです。申立代理人は、破産者の代理人として、また独立した説明義務の主体（破産法40条1項2号）として、「情報の配当」という概念を理解し、破産手続開始決定後は情報開示に協力するべき立場にあります。

実務の鉄則

受任通知を発送すると、受領した債権者から問合せがくる。突然の送付で驚かせてしまったことをお詫びしつつ、破産手続のルールを丁寧に説明しよう。

3

債権者一覧表の作成
書き方を理解し、正確なものを目指そう

モデル事例　債権者一覧表はどのように作成する？

〜受任通知発送から数か月後、保須法律事務所にて〜

若井：債権調査票が集まったので債権者一覧表を作成してみたのですが、おかしい点がないか確認していただけますか？

原井：わかりました。まず、記載の順序ですが、借入始期の古いものから順番に記載しましょう。

　　　それと、3番の債権者はサービサー（債権回収会社）ですよね。代位弁済や債権譲渡によって債権者が替わっている場合は、新債権者の名称や住所等を記載しつつ、「備考」欄に原債権者の名称と代位弁済等日を記載します。

　　　あと、「最初の受任通知の日」が 2025 年 4 月 20 日となっていますが、この日にすべての債権者に発送しましたか？

若井：6番の長内さんは、日車さんから「残債務があるかもしれない」との連絡後に発送したので数日遅れています。

原井：でしたら、その旨を備考欄に記載しましょう。発送が遅れた理由も付記するのを忘れないでください。

　　　それと、裁判所に提出する債権者一覧表には、債権者の電話番号等の記載はしないでください。

　　　4番の債権者は、借入終期の記載が抜けていますね。

若井：債権調査票は届いたのですが、借入終期の記載がなかったため、わからなかったのです。

原井：書いてくれていない債権者っていますよね。でも、借入の始期と終期、最終弁済日は、支払不能の時期や否認の可能性を検討するうえで重要な情報になりますから、債権者に電話で

確認する等して補充しましょう。

　　担保がついている債権や、債務名義が取得されている債権はありませんか？

若井：担保はないですが、債権調査票によると、5番の債権者は債務名義を取得していたようで、債務名義の写しが同封されていました。

原井：債務名義がある場合は、備考欄にその旨と事件番号を記載しましょう。また、申立ての際には、債務名義の写しを資料として添付します。

若井：わかりました。ありがとうございます。

解説

1 債権者一覧表の記載方法

　債権者一覧表は、破産者の負債状況を把握するために極めて重要な資料です。そのため、正確に記載しましょう。

　債権者一覧表の記載方法については、即日面接通信 vol.3 と vol.6 で詳細に説明されています。要点を整理すると、以下のとおりです。

(1) 記入すべき債権者等

ア　借入れ・購入時期の古い順に記入する。1名の債権者に対して複数の債務がある場合は、最も古い債務を基準として債権者番号の順序を決め、枝番を振って債権者ごとにまとめて記入する。

（例）　1－1　　　A社　　2020 年 4 月 1 日
　　　　1－2　　　A社　　2025 年 7 月 3 日
　　　　2　　　　B社　　2021 年 9 月 8 日

イ　すべての債権者に対するすべての債務を漏れなく記入する。特に、保証債務、求償債務、親族等からの借入金を忘れない。公租公課や非免責債権も記入する。

ウ　債権譲渡や代位弁済等によって債権者に変更がある場合は、名

称と住所は新債権者、借入始期・終期、原因使途、最終返済日は
　原債権の内容を記入し、備考欄に原債権者名及び債権譲渡等の日
　付を記入する。債権回収会社が受託している場合も同様に記入す
　る。

エ　債権者の電話番号等は、裁判所に提出する債権者一覧表には記
　入しない。なお、破産管財人への引継用として、債権者の電話番
　号等を記入した債権者一覧表を別途作成することもある（電話番
　号等も入力しつつ、Excel の印刷範囲指定や非表示設定を活用し
　て、裁判所提出用には表示されないようにするとよい）。

⑵　最初の受任通知の日

ア　最初の受任通知発送日（すでに他の弁護士等が受任通知を発送
　している場合には当該日付）を記入する。

イ　受任通知を複数回発送した場合には、各日付を併記する。

ウ　債権者によって受任通知発送日が異なる場合は、遅れて発送し
　た債権者の備考欄に発送日と遅れた理由を併記する。

⑶　借入れの始期・終期

ア　債権調査票をもとに借入れの始期と終期を記入する。

イ　債権調査票に明記されていない場合には、電話等で始期終期を
　確認して記入する。

ウ　借入れが 1 回のみの場合は、「○年○月○日のみ」と記入する。

エ　受任通知発送後の借入がある場合には、必ず理由を確認し、必
　要に応じて備考欄に記入する。

⑷　現在の残高

ア　債権調査票をもとに、元金、利息及び遅延損害金の合計額を記
　入する。

イ　利息制限法に基づく引直し計算を要するものは、引直し計算後
　の金額を記入し、備考欄に「引直し計算済」と記入する。

⑸　原因使途、保証人の有無

ア　原因欄は、以下の区分に基づき記入する。

「A」：現金の借入れ、「B」：物品購入、「C」：保証、「D」：その
他

イ 使途は、具体的な使途を記入する（例：「住宅ローン」「生活費」「自動車」「飲食費」「着物」「貴金属類」「エステ」「旅行」「交際費」「遊興費」「長男の大学学費」「他の債務の返済」「事業資金」等）。

ウ 原因使途は、債務者の説明を鵜呑みにせず、債権調査票・クレジットカードの利用明細等の資料と整合するかを確認する。

エ 保証人の有無を確認し、ある場合には氏名・名称を記入する。

(6) 最終返済日、備考

ア 債務者による実際の最終返済日を記入する。代位弁済日等を記入しないように気を付ける。

イ 債務名義や担保権、係属中の訴訟等がある場合には、その内容や事件番号等を備考欄に記入する。

ウ 原因使途欄でB（物品購入）と記入した債権については、当該物品が現存するか否かを確認し、必要に応じて備考欄に記入する。

エ 原因使途欄でC（保証）と記入した債権については、主債務者名及び債務者との関係性、履行した部分があればその金額等を備考欄に記入する。

2 作成のコツ

　債権者一覧表のひな型は、各弁護士会のホームページ等から入手できます。もっとも、そのまま利用するのではなく、印刷した際の体裁に影響が出ない範囲で、改良して利用すると入力作業の手間が省けます。

　たとえば、債権者数や負債総額は Excel の関数で自動計算したり、チェックボックス機能を使って保証人の有無や返済の有無をワンクリックで入力したりするとよいでしょう。

 実務の鉄則

債権者一覧表は、負債状況把握のための重要資料と心得よう。

1

疎明資料等の確認
疎明資料等も含めて漏れがないようにしよう

モデル事例 申立書類は何をどのように綴じる？

～受任から3か月後、保須法律事務所にて～

若井：ひととおり資料が揃ったから、申立書一式を完成させよう。

　　　原井さん、またいろいろと教えていただけますか？

原井：お任せください。

　　　申立書は、裁判所から推奨されている編綴順序があるので、その順序に従って並べていきましょう。

> ①破産手続開始・免責許可申立書
> ②住民票
> ③委任状
> ④債権者一覧表
> ⑤資産目録
> ⑥報告書（陳述書）
> ⑦家計全体の状況
> ⑧すべての疎明資料（預貯金口座の取引履歴が最初、それ
> 　以外は指定なし）

　　　部数については、裁判所に提出する正本1部のほか、事務所の控えや依頼者控え、管財事件の場合は破産管財人用の副本も必要になるので、あらかじめ準備しておきましょう。

若井：⑧すべての疎明資料って、取引履歴以外だとどういうものをつければよいでしょうか？

原井：事案にもよるでしょうが、資産目録や報告書（陳述書）に記載した事項に関する裏付け資料を、記録に出てきた順序に沿って編綴していくとわかりやすいと思います。

日車さんの場合だと、資産目録の関係では、

> ア　給与があるので源泉徴収票
> イ　退職金がないことを疎明するために雇用契約書
> ウ　保険証券と解約返戻金試算書（資産目録に記載した順序で）
> エ　有価証券に準じるものとして暗号資産に関する資料
> オ　パソコンの価格に関する資料

があるので、この順序で並べていくとわかりやすいと思います。また、報告書（陳述書）の関係では、

> カ　現在の住居の賃貸借契約書
> キ　破産申立てに至った事情に関連して、診断書
> ク　債権者一覧表の備考欄に関連して、債務名義の写し

を添付しましょう。

若井：なるほど、参考になります。1件分とはいえ、それなりの分量になりますね。

原井：ええ、ですから、疎明資料には号証番号を付して、冒頭に目録を付けるといいですよ。

　　それと、宛名入り封筒の準備をします。債権者通知用各1通と、申立代理人通知用2通が必要です。債権者一覧表のExcelデータを利用してラベルシールを作成すると簡単です。封筒は、東京地裁本庁14階の民事訟廷係か中目黒庁舎でもらえる専用封筒を使います。

　　収入印紙は1500円で、郵券は4400円です。郵券は、所定の組合せで準備します。

若井：準備できました。その他準備するものはありますか？

原井：官報公告費用の納付方法は振込でしたよね。

若井：はい。

原井：申立書が受理されると、裁判所から事件番号の通知等とあわせて納付方法を確認されますので、振込希望である旨答えれば大丈夫です。もし電子納付を希望する場合には、事前に利用登録手続をしたうえで、申立書のヘッダー部分に電子納付希望の旨と登録コードを記載しておく必要があります。

1 申立書類を編綴する

　東京地裁では、「破産受付係からのお願い（R1.10.1）」を発行し、申立書類の編綴順序や記載内容の注意事項などの案内をしています。

　裁判所における受付時のチェック業務の円滑化のためにも、編綴順序を遵守しましょう。

　預貯金口座の取引履歴は、「⑧すべての疎明資料」の先頭に編綴します。

　それ以外の疎明資料については、編綴順序の指定はありません。事案によってどのような疎明資料があるかは異なりますので、事案に応じて、チェックしやすい編綴順序にするのがよいでしょう。

　一般的に、破産管財人は、資産目録や報告書（陳述書）の記載内容と照らし合わせながら疎明資料を確認していきます。そのため、資産目録や報告書（陳述書）に出てきた順序で編綴していくのが望ましいです。

　また、疎明資料には号証番号を付し、目録を作成することが推奨されています。

　なお、記録に出てくる順序という観点からいえば、債務名義等の債権者一覧表に出てくる資料を先頭に編綴したほうがよいようにも思えます。しかし、「⑧すべての疎明資料」の先頭を預貯金口座の取引履歴とするように推奨されていることから、私としては、その流れで資産目録、報告書（陳述書）に出てくる順序で編綴することとし、負債に関する資料は末尾に編綴するのがおさまりがよいように思います。

2 宛名入り封筒、印紙、郵券を準備する

　破産手続開始通知の発送等のため、債権者の宛名入り封筒を準備して提出します。

　封筒は、東京地裁本庁 14 階の民事訟廷係又は中目黒庁舎で配布している専用封筒を使います。

　宛名は、債権者一覧表の Excel データを活用し、ラベルシールを作成して貼り付ける方法がお勧めです。債権者数が 100 名以上の場合には、

ラベルシール自体を提出することになっています。

　なお、債権者の宛名入り封筒は各債権者に1通ずつ用意しますが、申立代理人の宛名入り封筒は2通（開始決定時と免責許可決定時に使用するため）用意します。

　個人破産の場合、印紙は1500円です。申立書に貼付して提出します。

　郵券は、合計4400円であり、組合せも指定されています（本書17頁参照）。なお、債権者多数の場合には追納を求められることがあります。

3 管財人用副本を準備する

　管財事件として申し立てる場合には、裁判所提出用の正本とあわせて、管財人用副本も準備してしまったほうが効率的です。管財人候補者が決まり次第、早急に副本を発送できるように、後述（117頁）する打合せ補充メモもあらかじめ準備しておくことをお勧めします。

　なお、個人的な好みの問題でもありますが、私は管財人用副本はホチキス止めをせず、大きめのダブルクリップで挟むだけにしています。破産管財人が申立書副本をスキャンしてデータで管理するかもしれませんし、破産管財人代理が選任されれば一式コピーをとるかもしれません。このような場面を想定すると、ホチキス止めをしないほうが効率的です。

実務の鉄則

裁判所の案内に従って申立書類を並べよう。宛名入り封筒、印紙、郵券も忘れないように。

2

申立て後のスケジュール確認
依頼者に申立て後の流れを説明しよう

> **モデル事例**　申立て後の流れを依頼者にどのように説明する？

～日車氏との申立前の最終打合せ、保須法律事務所にて～

若井：日車さん、いろいろと資料のご準備をありがとうございました。

日車：いえいえ、こちらこそご対応ありがとうございます。

若井：本日付けで記帳した預貯金通帳も、ご準備ありがとうございました。これで申立てに必要な資料はすべて揃いました。
　　　申立てのタイミングですが、事前にお電話でお伝えしていたとおり、本日付けで裁判所に申立書一式を郵送する方法にて申し立てようと思います。

日車：よろしくお願いいたします。

若井：申立て後の手続の流れについてご説明します。
　　　まずは、私が、裁判官と電話で即日面接という手続をします。その結果を踏まえて、裁判官は、管財事件に振り分けるのか、同時廃止事件に振り分けるのかを判断します。日車さんは管財事件に振り分けられる予定です。
　　　日車さんの破産手続開始決定は、来週水曜日の午後5時付けで出る予定です。
　　　日車さんには、原則として、破産手続開始決定前に、私と一緒に破産管財人候補者との面談をしていただきます。これを事前打合せといいます。事前打合せでは、申立書の内容の確認や、不足資料があればその追完指示を受けることになります。
　　　破産管財人から聞かれたことには、正直に回答してくださ

い。日車さんには回答する法的義務があるので、正当な理由なく回答しなかったり、虚偽の回答をしたりしてしまうと、免責が不許可になってしまうおそれがあります。

日車：わかりました。

若井：事前打合せは破産管財人候補者の事務所で行うことが多いです。ですので、破産管財人候補者が決まったら、日時と場所をご連絡しますね。

　　　来週水曜日の午後5時までの間で、都合のつかない日時があれば事前に教えてください。

日車：月曜日以外であれば大丈夫です。

若井：承知いたしました。

　　　事前打合せが終わると、その後は、申立て日から約3か月後に指定される、債権者集会というものに出席していただきます。これは、東京地裁中目黒庁舎で行われる手続で、破産管財人からの報告や免責に関する意見が述べられる場です。

　　　こちらも、日時が決まり次第、ご連絡します。場所については、本日、中目黒庁舎の地図をお渡ししておきますね。

日車：ありがとうございます。裁判所に行くのは初めてなので緊張しますね……。債権者から問い詰められたりもするのでしょうか？

若井：私も一緒にいますから安心してください。債権者も出席することはありますが、債権者が出席しない事件のほうが多いです。それに、債権者から質問があった場合でも、基本的には私が代理人として回答しますから、日車さんが話す機会はない予定です。

日車：そうなのですね。少し安心しました。

若井：債権者集会が終わるまでの間ですが、まず、破産手続開始決定が出ると、日車さん宛の郵便物は、いったんすべて破産管財人のもとに転送されることになっています。これは、郵便物を確認することで、申立書に記載されていない資産がないかを調査するためのものです。

　　　　転送された郵便物は、最終的には日車さんに返却されるの
　　　でご安心ください。ただ、もし早期に必要な手紙などがあれ
　　　ば、事前に破産管財人に伝えておきますのでおっしゃってく
　　　ださい。
日車：わかりました。今のところは思い当たるものがないので大丈
　　　夫です。
若井：それと、引越しや2泊以上の旅行等をする場合には、事前に
　　　裁判所の許可が必要になります。出張や帰省、入院なども対
　　　象になりますので、もしそういった予定が入りそうになった
　　　ら、お早めにご連絡ください。
日車：わかりました。
若井：今お伝えした点も含めて、委任契約書に別紙注意事項として
　　　記載しております。改めてご確認ください。

解説

1 申立て予定日を決定する

　債権者から強制執行が申し立てられているなどといった、申立てを急
ぐべき事情がある場合には、ある程度、資料不足の状態であったとして
も、早期の申立てを検討する必要があります。

　これに対して、急ぐべき事情がない場合には、申立てに必要な資料が
ある程度集まった段階で、申立て予定日を決めることになります。

　この場合、申立て予定日を決めるにあたって検討する事項として、以
下の要素が挙げられます。

①給与等の入金予定

　原則として、破産手続開始決定時に20万円以上の残高がある場合、
預貯金債権は破産財団を構成します。そのため、破産手続開始決定日を
事前に予測し、給与等の入金直後に開始決定が出ることのないようにし
ておいたほうがよいでしょう。

②取引履歴の最終記帳日

　申立前1週間以内の記帳が求められています（即日面接通信 vol.4-2）。私の場合、最終打合せ時に記帳した通帳を持参してもらい、そのコピーを疎明資料に加えつつ、基本的にはその日のうちに申立書を裁判所に郵送しています。

2 依頼者に申立て後のスケジュールを説明する

　申立て後のスケジュールについても、あらかじめ説明しておきましょう。

　管財事件の場合、開始決定前に事前打合せをすることになります。基本的には破産管財人の事務所を訪ねて行うことが多いです。そのため、具体的な日時や場所は破産管財人が決まってから相談することになります。事前打合せの日程調整を円滑に行うため、開始決定日までの間のスケジュールを確認し、事前打合せを入れられる候補日をなるべく多く確保しておきましょう。

　なお、東京地裁の場合、翌週水曜日午後5時に開始決定を出すため、それまでの間に事前打合せをするのが原則となります。

　開始決定後の郵便物転送や住居制限について、このタイミングで改めて説明しておきましょう。特に、申立代理人からの郵便物も破産管財人に転送されることになるため、開始決定後の連絡方法について、よく確認しておいたほうがよいです。

実務の鉄則

申立て後のスケジュールを依頼者に説明しておこう。事前打合せの日程がスムーズに決められるようにしておくとよい。

即日面接
事案の内容を確認し、即答できるようにしよう

モデル事例 ▶ **裁判官からは何を聞かれる？**

～郵送申立てから2日後、保須法律事務所にて～

（電話の着信音）

若井：はい、保須法律事務所です。

書山：東京地裁民事第20部受付係の書記官の書山です。郵送で申し立てられた日車さんの件でお電話しました。ご担当の若井弁護士はいらっしゃいますか？

若井：ご連絡ありがとうございます。若井です。

書山：若井弁護士でしたか。日車さんの件、受理いたしました。事件番号は、令和7年(フ)第5108号です。

　　　即日面接は原則として電話でお願いしています。明日から3営業日以内の、午前9時15分から午前11時30分までか、午後1時から午後2時までの間に、即日面接係に電話をお願いします。即日面接係の電話番号は、03-5721-3122です。

若井：承知いたしました。

書山：官報公告費用の納付は、お振込みでしょうか？

若井：はい、振込を希望します。

書山：承知いたしました。それでは、開始決定書に納付書を同封いたしますので、受領後速やかに納付をお願いいたします。

若井：承知いたしました。

～翌日、保須法律事務所にて～

若井：即日面接係に電話をしよう。

（電話の発信音）

務川：東京地裁民事第20部即日面接係の事務官の務川です。

若井：弁護士の若井です。即日面接を1件お願いいたします。事件番号は、令和7年㋷第5108号です。

務川：裁判官に替わりますのでお待ちください。

裁原：裁判官の裁原です。申立人が日車さんの件ですね。よろしくお願いいたします。早速ですが、日車さんが破産申立てに至った事情について教えてください。

若井：はい。日車さんは、2006年にうつ病になってしまい、当時勤めていた会社を辞め2年間療養生活をしていました。この期間に不足した生活費を補填するために借入を始めました。

　　　その後回復されて現在の会社に就職したのですが、現在の収入では生活を維持するので精一杯でした。その矢先、業績不振により勤務先の経営が苦しくなり、給与が減額されることになってしまったため、破産申立てをするに至りました。

裁原：わかりました。債権者一覧表によると、債権者は6名、負債総額は815万円ですね。最も古い借入の始期が2006年12月で、使途が生活費と記載されていますが、今ご説明いただいた生活費の補填のための借入ということでしょうか？

若井：おっしゃるとおりです。

裁原：債権者からのクレームはありますか？

若井：ありません。

裁原：管財事件ご希望とのことですが、破産管財人において対応すべき事項としてどういったものがありますか？

若井：療養生活期間中、無収入であるにもかかわらず、月額5〜10万円の飲酒と、同じく月額5〜10万円のギャンブルをしており、それが原因となって生活費が不足してしまったので、浪費と射幸行為があります。

　　　現在では浪費も射幸行為もありませんが、免責調査をお願いしたいと思っています。

裁原：免責調査ですね、わかりました。換価すべき資産はありますか？

若井：生命保険の解約返戻金が 20 万円以上あります。もっとも、自由財産の範囲の拡張を申し立てる予定です。

裁原：わかりました。偏頗弁済などはないですか？

若井：ありません。

裁原：予納金は、20 万円を一括納付でしょうか？

若井：はい、そのとおりです。

裁原：開始決定を急ぐ事情はありますか？

若井：いえ、ありませんので通常どおりでお願いします。

裁原：では、開始決定は来週水曜日午後 5 時に出します。

　　　次に、集会予定日の調整に移ります。11 月の 6 日（木）と 7 日（金）、その翌週の 13 日（木）のご都合はいかがですか？

若井：6 日は終日差支えです。それ以外は午前と午後いずれも対応可能です。

裁原：14 日（金）のご都合はいかがでしょうか？

若井：午後であれば空いています。

裁原：承知しました。それでは、7 日（金）、13 日（木）の午前午後と、14 日（金）の午後で調整いたしますので、候補日として押さえておいてください。破産管財人候補者が決まりましたら、集会期日とあわせてご連絡いたします。

若井：ありがとうございました。

解説

1 申立ての方法

　申立ては、原則として郵送で行います。もっとも、中目黒庁舎の窓口に提出する方法でも可能です。郵送で申し立てた場合、受理後まもなく、裁判所から申立代理人の事務所に、申立てを受理した旨の電話による連絡があります。この電話の際に、事件番号と、即日面接係の電話番号及び電話をすべき期間の説明があります。

　即日面接は、受理した旨の電話連絡があった日及びその翌日から起算

して3営業日以内に行なわなければなりません。また、受付時刻は、午前9時15分から午前11時30分、午後1時から午後2時のいずれかの間です。**年末、年度末だけでなく毎月末や毎週木・金曜日は混雑するため、避けたほうがスムーズ**です（即日面接通信 vol.26）。

　なお、私は、受理した旨の電話連絡を受けた際に、「このまま即日面接係に電話を転送していただき、直ちに即日面接を受けることはできますか？」と尋ねたことがあります。この時は、「これから裁判官らに記録を回すため、記録検討の時間として少なくとも30分程度いただきたい」旨の回答を受けました。また、電話連絡が午前中であったことから、同日午後1時から午後2時の間に即日面接を受けたことがあります。

2 即日面接ではなにを尋ねられるか

　即日面接は、申立て内容の確認をしつつ、同時廃止事件か管財事件かの振り分け、管財事件になった場合の破産管財人への引継ぎ事項（特に、急を要する対応の有無や内容）について確認する手続です。

　即日面接では、最初に、破産に至った経緯を尋ねられることが多いでしょう。その話の流れで、債権者一覧表の記載について確認していくことが多いです。

　管財事件希望で申し立てている場合、いわゆる資産調査型か免責調査型かといった類型の確認がされます。いずれの類型に該当するのか、その理由を説明する流れで、換価対象資産の有無や免責不許可事由の有無、破産管財人において調査を要する事項の説明などを行います。

　また、引継予納金の金額と支払方法を確認されます。引継予納金の額は最低20万円です。「最低」とあるように、事案によっては20万円以上の納付が求められることがあります。たとえば、明渡未了の不動産があり残置物の処理等に手間がかかる事案や、相続財産があるにもかかわらず事前整理がなされておらず破産管財人が遠方の相続人のもとに赴く必要がある事案など、破産管財人の負担が大きいと思われる事情がある場合には、引継予納金の額も増額されることがあります。

　申立書に関する確認が済むと、破産手続開始決定日の告知がされます。

原則として、破産手続開始決定日は、即日面接日の翌週水曜日午後５時となります。もし、早期に破産手続開始決定を受ける必要性があれば、裁判官にその旨を告げて協議します。

　管財事件の場合には、債権者集会候補日の確認がされます。原則として、即日面接日から３か月程度先の木曜日又は金曜日の午前・午後で調整することになります。破産管財人とも日程調整をする都合上、３つほど候補日を提示します。

3 即日面接後の流れ

　即日面接が終わると、裁判所は、破産管財人候補者を選定し、破産管財人候補者に事件の打診をします。破産管財人候補者が了承すると、事案の概要説明の後、債権者集会期日を決めます。

　破産管財人候補者及び債権者集会期日が決まると、裁判所から、申立代理人宛に、破産管財人候補者の氏名や事務所名、電話番号及び債権者集会期日の日程に関する電話連絡があります。

　申立代理人は、破産管財人候補者がわかり次第、破産管財人候補者と連絡を取り、副本の受渡方法（通常は郵送）と事前打合せの日時場所の調整をします。

4 管財事件の振分け基準

　即日面接の結果を踏まえて、裁判所は、当該事件を同時廃止事件とするか管財事件とするかを振り分けます。

　振分け基準は、各裁判所において定められています。東京地裁は、次の場合に管財事件としています。

(1) 33万円以上の現金がある場合

　債務者が標準的な世帯の１か月分の必要生計費である33万円（民事執行法131条３号、民事執行法施行令１条）以上の現金を有している場合には、経験則上、ほかにも財産を有しているとの疑いを生じさせるこ

とから、管財事件とされます（即日面接通信 vol.22）。

(2) 20万円以上の換価対象資産がある場合

以下の項目ごとの合計額が20万円以上ある場合には、管財事件とされます。たとえば、預貯金について、A銀行に10万円、B銀行に15万円の預貯金がある場合、それぞれでは20万円未満ですが、合計すると20万円以上であるため、20万円以上の換価対象資産があるものとして管財事件とされます。

① 預貯金

預貯金の合計額が20万円以上ある場合には、管財事件とされます。

なお、預金担保貸付があったり、金融機関からの借入金による相殺が確実に見込まれたりする場合には、貸付残高控除後・相殺後の金額が20万円以上か否かによって判断します。

② 未払報酬・賃金

民事執行法152条1項により、4分の1相当額が差押え可能であるため、未払給与等の4分の1相当額が20万円以上ある場合に管財事件とされます。なお、役員報酬や委任契約に基づく報酬請求権など、民事執行法152条1項の適用を受けないものについては、その全額が20万円以上か否かにより判断します。

③ 退職金請求権

民事執行法152条2項により、4分の1相当額が差押え可能です。もっとも、退職金請求権については、将来支給されるか否かについて不確実性を伴います。そこで、不確実性を考慮して、退職金支給見込み額の8分の1が20万円以上の場合に管財事件とされます。

ただし、すでに退職しているケースや近く退職予定のケースでは、不確実性が乏しいため、原則どおり支給見込み額の4分の1が基準となります。

④ 貸付金・売掛金

貸付金や売掛金の合計額が20万円以上の場合には、管財事件とされます。もっとも、額面でのみ判断するわけではなく、債務者の資力等に基づく回収可能性を考慮して判断することになります。

⑤積立金等

積立金等の合計額が 20 万円以上の場合には、管財事件とされます。

⑥保険の解約返戻金

保険や共済の解約返戻金の合計額が 20 万円以上の場合には、管財事件とされます。なお、保険会社から契約者貸付けを受けている場合には、預貯金と同様に、解約返戻金から貸付残高を控除した金額が 20 万円以上か否かによって判断します。

⑦有価証券等

有価証券等の合計額が 20 万円以上の場合には、管財事件とされます。

⑧自動車・バイク等

自動車は、輸入車等の高級車を除き、減価償却期間（普通乗用自動車は 6 年、軽自動車・商用車は 4 年）を経過している場合は、無価値と判断します。それ以外の場合は、業者による査定等の金額が 20 万円以上か否かによって判断します。

⑨不動産

信頼のおける不動産業者 2 社（大手 2 社又は大手 1 社と地元有力業者 1 社）の査定等の額が 20 万円以上か否かによって判断します。

⑩相続財産

相続財産（遺産分割未了のものを含む）の処分価格が 20 万円以上か否かによって判断します。

⑪事業設備、在庫、什器備品等

事業設備等の処分価格が 20 万円以上か否かによって判断します。

⑫その他破産管財人の調査によって回収可能となる財産

過払金や否認権行使の対象となる財産が 20 万円以上か否かによって判断します。

なお、この項目については、資産の性質ごとに 20 万円以上か否かを判断します。たとえば、過払金と否認権行使対象財産とは、合算せずに、個別に 20 万円以上か否かによって判断します。

(3) 被担保債権額が不動産処分価格の 1.5 倍未満の場合

いわゆるオーバーローンの不動産は、計算上は無価値であるため、資

産として評価できません。

しかし、不動産の時価は、評価の根拠資料等によって差異が生じることがあります。そのため、被担保債権額が不動産の時価の1.5倍以上のオーバーローンの場合に限り、資産として評価しない扱いです。すなわち、被担保債権額が不動産の時価の1.5倍未満の場合には、換価することで破産財団が形成できる可能性があるため、管財事件とされます。

なお、不動産鑑定書があればその評価額、不動産業者の査定であれば信頼できる2社の評価額の平均額を以て、不動産の時価を評価します。これに対して、固定資産評価証明書は、実際の取引価格を反映していないのが通常であるため、時価の疎明資料となりません。

(4) 資産調査が必要な場合

20万円以上の資産を有していないことが明白といえない場合は、「破産手続の費用を支弁するのに不足する」（破産法216条1項）という同時廃止とするための要件を満たすといえないため、原則である管財事件に振り分けられます。

ほかにも、債権者数が多かったり、負債総額が5000万円を超えていたりするなど、負債額や債務負担の経緯等からして資産の不存在が明らかでない場合も、管財事件とされます。

(5) 法人及び法人の代表者の場合

法人については、常に管財事件とされます。

法人の代表者（元代表者も含む）は、法人との間の貸し借りなど、法人の資産調査も行う必要があるため、原則として管財事件とされます。

(6) 個人事業主の場合

現在又は過去に事業を営んでいた者は、法人と同様に財産状況の把握が困難であることから、原則として管財事件とされます。

もっとも、事業主であっても雇用に近い形で報酬を得ている者で、事業用の資産はなく、負債の内容ももっぱら生活費の不足を補うためにした金融業者からの借入であり、かつ、多額ではないといった場合には、

同時廃止事件とされることがあります（中山孝雄・金澤秀樹編『破産管財の手引〈第2版〉』（金融財政事情研究会、2015年）79頁）。

たとえば、フードデリバリーサービスの配達員などは、形式上は個人事業主とされていることが多いと思われます。しかし、上記の基準に該当すれば、同時廃止事件とされる可能性があるといえます。

(7) 免責調査を経ることが相当な場合

破産法252条1項10号の免責不許可事由（免責許可決定の確定等から7年以内の免責許可申立て）の場合には、常に管財事件とされます。

それ以外の免責不許可事由がある場合、当該事由の存在が明らかかつ程度が軽微でないときや債権者からのクレームがあるときなどには、破産管財人による免責調査が必要として、管財事件とされます。

逆にいえば、破産法252条1項10号以外の免責不許可事由があるケースは、①内容や程度が過大でなく、②負債総額が300〜400万円程度までであり、③申立代理人が十分に調査・説明を尽くし、債権者が厳しい対応をしていないことが明らかな場合であれば、同時廃止事件とされる可能性があります（中山・金澤前掲書39頁）。

5 同時廃止を希望した場合の注意点

同時廃止を希望した事件の場合、破産管財人によるチェックがないため、必然的に裁判所のチェックも厳しくなります。

同時廃止を希望したにもかかわらず調査不足等を理由に管財事件に振り分けられる事件は、例年20〜30%前後あります。申立代理人としては、調査不足等と判断されてしまうことのないように、準備を整えておかなければなりません。

東京地裁における同時廃止希望事件の取扱い

　東京地裁では、同時廃止希望の事件については、同時廃止用の詳細なチェックをしているそうです。また、東京地裁では、申立時の調査不足について、追加調査や資料の追完を原則として認めておらず、直ちに管財事件に振り分ける運用をしています。

　そのため、同時廃止希望の事件については、特に添付資料を不備なくそろえる必要があります。

　なお、同時廃止希望の事件について、管財事件に振り分けられることになった際に、申立代理人が申立てを取り下げて、仕切り直すことがあります。

　たしかに、申立人に予納金を工面する見通しが立たないケースでは、取下げもやむを得ないのかもしれません。しかし、裁判所側からすると、このような対応は、破産手続開始決定が遅くなり、その間に財産散逸のおそれが高まることから、望ましいものではありません。

　申立代理人は、同時廃止事件にできるか否か正確な見通しを立て、管財事件に振り分けられる可能性が相当程度ある場合には、事前に申立人に対して予納金を工面する目途の有無を確認しておくことが望ましいでしょう。

　東京地裁では、大型案件や特殊事情のある案件を除き、個々の事件について担当の裁判官・書記官を固定しない運用です。そのため、裁判所に提出する書面については常に、初見の裁判官・書記官が目にするつもりで、要点をまとめた内容にするよう努めましょう。

実務の鉄則

即日面接で即答できるように申立書類一式をあらかじめ見返しておこう。振分け基準を踏まえて、適切な申立てをしよう。

2

破産管財人候補者との連絡
申立書副本は即日発送しよう

モデル事例 ▷ 破産管財人候補者との最初のやり取りは？

～電話での即日面接を終えて数時間後、保須法律事務所にて～

（電話の着信音）

若井：はい、保須法律事務所です。

書田：東京地裁民事第 20 部通常管財係の書田です。令和 7 年㋹第 5108 号の日車さんの件で、破産管財人候補者と債権者集会期日が決まりました。破産管財人候補者は、神西法律事務所の神西弁護士です。債権者集会期日は、11 月 7 日（金）午前 10 時 30 分です。破産管財人候補者と連絡をとり、申立書副本の受渡しと開始決定前の事前打合せの実施をお願いします。

若井：承知いたしました。（受話器を置く）

　　　　　　　　⋮

若井：よし、さっそく破産管財人候補者に電話をしよう。

（電話の発信音）

菱尾：はい、神西法律事務所です。

若井：保須法律事務所の弁護士の若井です。日車さんの破産事件の件で、破産管財人候補者の神西先生をお願いします。

菱尾：承知いたしました。少々お待ちください。

神西：神西です。本件について、よろしくお願いいたします。

若井：申立書副本は、神西先生の事務所に本日発送いたします。事前打合せはいつにしましょうか？

神西：7 月 23 日（水）午後 1 時はいかがでしょうか？　場所は、私の事務所にお越しいただければと思います。

若井：日車さんに確認してご連絡いたします。

解説

1 破産管財人候補者と連絡をとる

即日面接を終えると、その日のうちに裁判所から、破産管財人候補者が決まった旨の連絡が来ます。破産手続開始決定が出るまでは「候補者」ですので、第三者に情報を漏らさないようにしましょう。

破産管財人候補者が決まったら、なるべく早く連絡を取り、①申立書副本の授受方法の確認と、②事前打合せの日程調整をします。

①申立書副本の授受方法は、一般的には、破産管財人候補者の事務所宛に郵送する方法が取られます。もっとも、緊急性の高い事案では取り急ぎPDF化したデータをメールで授受することもあります。

申立書副本を授受する際には、「打合せ補充メモ」を合わせて授受しましょう（ひな型は、中山孝雄・金澤秀樹編『破産管財の手引〈第2版〉』（金融財政事情研究会、2015年）437頁に掲載されています）。また、引継資料等があれば、事前打合せ時に渡せるように準備しておきます。

②事前打合せは、原則として、破産手続開始決定前に行います。この趣旨は、破産手続開始決定後、直ちに破産管財人が管財業務に着手し、財産散逸の防止等ができるようにする点にあります。

場所は、破産管財人候補者の事務所とすることが多いです。もっとも、申立人が自営業者であればその事業所で行うこともありますし、事情次第ではウェブ会議で実施することもあります。

2 依頼者にも参加してもらう

破産管財人候補者との事前打合せには、申立人（依頼者）も参加します。申立直前にあらかじめ申立人の都合を確認しておき、スムーズに日程を決められるようにしておきましょう。

実務の鉄則

破産管財人候補者にはなるべく早く連絡を取ろう。

3

破産管財人候補者との事前打合せ
質問されたことには正直に答えよう

モデル事例 ▷ 破産管財人候補者は依頼者にどんなことを尋ねる？

～事前打合せ 10 分前、神西法律事務所近辺にて～

若井：日車さん、こちらです。

日車：若井先生、本日はよろしくお願いいたします。

若井：よろしくお願いいたします。事前にお伝えしていたとおり、
　　　本日は破産管財人候補者の神西先生との事前打合せです。
　　　　神西先生から質問されたことには、素直に答えてください。
　　　もちろん、わからないことや、すぐに回答できないことがあ
　　　れば、後日、私から回答いたしますので、ご安心ください。

日車：はい、わかりました。

若井：5 分前になりましたし、神西法律事務所に向かいましょう。

～神西法律事務所にて～

若井：すみません。午後 1 時から神西先生とお約束しております、
　　　弁護士の若井とご本人の日車さんです。

神西：お待ちしておりました。こちらの会議室へどうぞ。

　　　　　　　　　　　　　　　　⋮

神西：初めまして、この度、破産管財人候補者となりました、弁護
　　　士の神西です。

若井：よろしくお願いいたします。

日車：よろしくお願いいたします。

神西：若井先生からもご説明があったかと思いますが、破産管財人
　　　というのは、裁判所から選任されて、日車さんの破産事件に
　　　ついて、財産の換価や配当、免責不許可事由の調査などを行

う役割です。日車さんには調査に協力する義務がありますので、私の質問には正直にお答えください。

日車：はい、承知いたしました。

神西：さっそく、事前にお送りいただいていた申立書に基づいて、いくつか質問させていただきます。

　　　まず、ABC ネット銀行の取引履歴について、2024 年 7 月 11 日に「ヒグルマキミチカ」さんから 10 万円の振込がありますが、これは何のお金ですか？

日車：あっ……それは、親戚で……その、食費が足りなくなって、貸してもらったものです……。

若井：（えっ、親族からの借入はないって話では……）

神西：そうでしたか。債権者一覧表には記載がないようですが、借用書等はありますか？

日車：借用書は作っていないのですが、3 日前、親戚の集まりがあって、その時に返すように言われて思い出しまして……。

神西：そうなると、援助、つまり贈与と理解することはできませんね。新たな債権者として扱いますので、破産手続開始決定通知書等を送付するための住所を教えてください。

日車：はい、今すぐにはわからないので、帰宅後に住所を確認しておきます。

　　　若井先生、言い出せなくてすみませんでした。実は、ご相談の際には私もうろ覚えで 3 日前に本人から言われて思い出したのですが、いまさら言い出しづらくて……。

若井：そうでしたか……。いえ、むしろ早い段階で思い出せて、破産管財人候補者にも伝えられてよかったですよ。

神西：同じく ABC ネット銀行の取引履歴についてですが……。

　　　　　　　　　　　　　　　　⋮

　　　本日確認したかった事項は以上です。ヒグルマキミチカさんの住所と、その他お願いした資料の追完をお願います。生命保険解約返戻金については、自由財産の範囲の拡張を申し立てるということですので、上申書を私に提出してください。

裁判所と協議いたします。

　　　　それと、開始決定が出ると、日車さん宛の郵便物がすべて
　　　私の事務所に転送されます。転送された郵便物は、内容を確
　　　認した後、ある程度まとまった段階でお返ししようと思いま
　　　すが、早期に返還が必要なものはありますか？

日車：携帯電話料金や公共料金の請求書が届くはずなので、それら
　　　は早めに返してほしいです。他にはすぐに返還してほしいも
　　　のはありません。

神西：それでは、「管財人発信」のスタンプを押したレターパック
　　　で都度返送しましょう。返送用のレターパックを何枚か預か
　　　りますがよいですか？　余った分は債権者集会後にお返しい
　　　たします。

若井：承知いたしました。

解説

1　事前打合せで質問に答える

　事前打合せの進め方は、破産管財人候補者の裁量によるため、ケース
バイケースです。一般的には、破産管財人候補者から自己紹介があった
あと、破産管財人の役割等について説明があり、その後、事前に送付し
ていた申立書副本に基づいて質問していくことが多いかと思います。

　もっとも、破産管財人候補者からの説明が省略されることもあり得ま
すので、破産者には、申立代理人から事前に、破産管財人の役割等につ
いての説明をしておきましょう。また、破産管財人からの質問に対して
回答義務があることを説明し、聞かれたことには正直に回答するように
助言しておきましょう。

　事前打合せの際の質疑によって、新たな事実が判明することも珍しく
ありません。もちろん、申立前の調査不足によるものであってはなりま
せん。しかし、破産者自身も失念していたなど、やむを得ない理由で新
事実が判明するケースもあります。

この場合も、「前に言っていたことと違うではないか」と破産者を責めるのではなく、少しでも早い時期に事実が判明してよかったと捉え、その後の手続でどのようにリカバリーすればよいかを考えましょう。

2 求められた追完事項には迅速に対応する

事前打合せを経て、破産管財人から資料等の追完を求められることがあります。破産管財人から追完等を求められた事項は、事前打合せの最後に再度確認するなどして、漏れがないように気を付けましょう。

追完事項の内容にもよりますが、なるべく早期に、1～2週間程度（資料の収集に時間を要する場合でも、せめて1か月以内）で対応を完了しましょう。

申立代理人の追完が遅くなると、その分、破産管財人による管財業務に支障が生じます。破産管財人から進捗確認や催促があるにもかかわらず、正当な理由なく対応が遅滞するようだと、事案によっては、説明義務違反と言われても仕方ありません。

転送郵便物のうち早期返却が必要なものがある場合には、事前打合せ中に破産管財人に伝えておきましょう。

返却方法として、一般的には、破産者が直接破産管財人事務所に赴いて受け取る方法と、破産管財人から「管財人発信」のスタンプを押した郵便によって返却する方法があります。いずれにせよ、返却のための交通費や送料は、破産者が自由財産から支出するべきでしょう。そのため、たとえば郵送による返却を希望するのであれば、レターパックか切手をある程度まとめて破産管財人に預け、事件終了後に余りの返却を受けるのがよいでしょう。

 実務の鉄則

質疑の中で新たな事実が判明することもある。冷静に対応しよう。

予納金の納付

速やかに予納金を納付しよう

モデル事例　官報公告費用と引継予納金はどのように振り込む？

〜破産手続開始決定日後、保須法律事務所にて〜

若井：裁判所から破産手続開始決定書と官報公告費用の振込依頼書が届いたぞ。今日の午後に振込手続に行ってこよう。

原井：若井先生、破産管財人の先生からファックスが届いていますよ。

若井：ありがとうございます。これは……破産管財人口座の通知ですね。ちょうど今日の午後、官報公告費用の納付のために銀行に行く予定だったので、あわせて引継予納金の振込みもしてきます。

原井：官報公告費用を銀行振込する場合は、「保管金受入手続添付書（裁判所提出用）」の受取りを忘れないようにしてくださいね。保管金提出書と合わせて、裁判所に提出しないといけないので。

若井：あっ、そうなのですね。振り込んで終わりだと思っていました。ありがとうございます。

解説

①　官報公告費用を納付する

　官報公告費用の金額は、前述のとおり、同時廃止事件か管財事件か（個人事件か法人事件か）によって異なります（本書17頁）。納付する金額を間違えないように気を付けましょう。

官報公告費用の納付方法は、①現金納付（霞が関又は中目黒庁舎）、②振込納付、③電子納付の３つがあります。いずれを選択するかは、即日面接時に尋ねられますので、あらかじめ決めておきます。

　①現金納付の場合、納付する庁舎が霞が関か中目黒かで、金額が若干異なります（本書17頁）。

　②振込納付の場合、破産手続開始決定書とともに「保管金提出書」と「振込依頼書」が送付されてきますので、この振込依頼書を利用して納付します。振込依頼書は３連複写式になっており、２枚目の「保管金受入手続添付書（裁判所提出用）」と、３枚目の「振込金（兼手数料）受取書（依頼人保管用）」は振込後に忘れずに受け取りましょう。そして、保管金提出書と「保管金受入手続添付書（裁判所提出用）」を、裁判所に提出（郵送可）します。

　③電子納付の場合、事前に電子納付利用者登録申請をし、登録コードの発行を受けておく必要があります。また、申立書に特記事項として、電子納付を希望する旨と利用者登録コードを記載しておきましょう。記載箇所は、申立書の上部（ヘッダー部分）にしておくと裁判所側も見やすく、見落としを防ぐことができます。

　官報公告費用は、可能な限り速やかに（①現金納付なら破産手続開始決定前に、②振込納付と③電子納付なら破産手続開始決定日から１週間以内に）納付しましょう。納付が遅れると、その分手続が遅滞するなどの支障が生じてしまいます。

　私は、もともと②振込納付を利用していましたが、現在は③電子納付にしています。いつでも事務所から振込ができ、手続も簡易であるため、③電子納付をお勧めします。

② 引継予納金を納付する

　引継予納金は、申立人（申立代理人）が直接、破産管財人口座に振り込む方法で支払うのが一般的です。

　破産管財人は、破産手続開始決定が出た後、金融機関において、破産管財人口座を開設します。口座の開設が済むと、破産管財人は、申立代

理人に対して、破産管財人口座（金融機関、支店名、口座番号等）を通知します。

　申立人（申立代理人）は、通知された破産管財人口座に対して、速やかに引継予納金を振り込みましょう。

　近年は、金融機関の窓口で新規口座開設をする場合、事前予約をしなければならず、予約できる日時も早くて２〜３週間後というケースが珍しくありません。そのため、破産管財人口座の開設までに１か月近く要することがあります。

　申立代理人としては、破産管財人口座に引継予納金を振り込むまでの間は引継予納金を適切に管理し、破産管財人口座開設後は速やかに振り込む必要があります。

　なお、法テラスを利用して生活保護受給者の破産申立てをした場合、引継予納金は、法テラスから破産管財人口座に振り込まれます。申立代理人は、破産管財人口座情報を所定の用紙に記入し、速やかに引継予納金の振込みを法テラスに申請する必要があります。

　法テラスから破産管財人口座への振込みには相応の時間を要します。そのため、申立代理人から法テラスへの申請が遅れてしまうと、債権者集会期日までに引継予納金が振り込まれず、終結できないということになりかねません。

　申立代理人は、必ず事前に、予納金納付に関する「代理援助契約における確認書」に破産者と自身とで記名押印しておき、「追加費用支出申立書」と合わせて法テラスに提出できるようにしておきましょう。

補足解説

少額管財手続と申立代理人に対する信頼

　もともと、東京地裁では、管財事件における引継予納金を最低50万円と設定していました。この金額は、破産管財人において十分な資産調査や免責調査をするために必要な破産管財人報酬を賄うために設定されたものと思われます。

　しかし、破産申立てを要する資産状況にある債務者にとって、最

低50万円の引継予納金を捻出することは容易ではありません。そのため、同時廃止事件数が増加することとなりました。

　ところが、同時廃止事件では破産管財人が選任されないため、免責調査に時間を要し、十分な資産調査も行えないという問題が生じました。

　そこで、東京地裁は、1999年4月から、引継予納金を最低20万円とする少額管財手続の運用を開始しました。少額管財手続は、引継予納金を低額化することで、破産管財人の選任を原則化し、十分な資産調査と免責調査を実現するものです。少額管財手続は、全国の裁判所においても運用が開始され、現在では標準的な手続となったため、「通常管財手続」という名称になっています。

　少額管財（通常管財）手続は、申立代理人による適切、十分な事前調査がなされていることを前提とする手続です。すなわち、申立代理人が申立前に適切な対応をしているからこそ、破産管財人の業務負担が軽減し、低額な破産管財人報酬でも運用できる手続となっているのです。

　申立代理人は、以上のような少額管財（通常管財）手続の前提となっている申立代理人に対する信頼を正しく理解し、その信頼に応えるために適切な事件処理をしなければなりません。

 実務の鉄則

できるだけ速やかに予納金を納付しよう。振込納付の場合は、「保管金受入手続添付書（裁判所提出用）」等の受取を忘れずに。

2

転送郵便物に関する質問
破産管財人からの質問等に迅速に対応しよう

モデル事例	転送郵便物からどんな事実が発覚する？

～破産手続開始決定日から2週間後、保須法律事務所にて～

（電話の着信音）

若井：はい、保須法律事務所です。

神西：いつもお世話になっております、日車さんの件の破産管財人の神西です。日車さんの件で確認したいことがあり、お電話しました。

若井：いつもお世話になっております。どういったことでしょうか？

神西：転送郵便物を確認していたところ、ヤッホー株式会社からの請求書が届いていました。ヤッホー社は債権者一覧表に記載されておりません。また、もともと口座引落になっていたようですが、請求書に書いてあった日車さん名義の引落口座が、資産目録にない口座のようでして……。

若井：えっ！　承知いたしました。すぐに本人に確認してみます。

神西：よろしくお願いします。ヤッホー社からの請求書を後程メールでお送りしますので、内容をご確認ください。

解説

1 転送郵便物から得られる情報

　破産手続開始決定が出されると、破産者宛の郵便物はすべて破産管財人に転送され、その内容を確認されることになります（破産法81条1項、82条1項）。その際、債権者一覧表に記載されていない新たな債権者が

見つかったり、資産目録に記載されていない資産が見つかったりすることがあります。

　たとえば、モデル事例に出てきたような、未知なる債権者からの請求書から資産目録に記載のない預貯金口座が見つかることがあります。ほかにも、固定資産税の納税通知書から不動産が見つかったり、証券会社からの報告書により株式が見つかったりすることがあります。

　破産管財人にメールアドレスを伝えておけば、転送郵便物のスキャンデータをメールに添付して送ってもらうことができます。ファックスよりも鮮明に内容を確認できるので、メールを活用するのが有用です。

2 破産管財人からの質問等に対応する

　管財業務に関して確認すべき事項がある場合、破産管財人から申立代理人や破産者に対して、適宜、質問等がなされます。申立代理人と破産者は、破産管財人からの質問等に対しては、速やかに対応しましょう。債権者集会期日は決まっていますので、対応の遅れによって債権者集会の続行期日を設定せざるを得なくなる、といった事態は避けなければなりません。

　稀に、なかなか回答等の連絡をしない申立代理人がいます。しかし、このような不誠実な対応は、説明義務を適切に履行したとはいえず、破産者の免責不許可事由になり得ます（破産法252条1項11号）。回答等が遅れた結果、管財業務に支障が生じ、破産財団が毀損されるようなことがあれば、申立代理人の損害賠償責任も問題となり得ますので、気を付けましょう。

実務の鉄則

> 未知なる債権者からの請求書で資産目録に記載のない預貯金口座が見つかることもある。破産管財人から質問されたときは速やかに回答しよう。

3

債権者集会
質問に答えられるように準備しよう

モデル事例	債権者集会ではどんな話がされる？

～東京地方裁判所中目黒庁舎１階ロビーにて～

若井：日車さん、今日は債権者集会の日ですね。

日車：集会では、私は何かする必要があるのでしょうか？

若井：基本的には、席に座って話を聞いておいていただければ十分です。債権者が来て質問されるかもしれませんが、まずは申立代理人として私が回答しますので、ご安心ください。

務川：15分前となりましたので、午前10時30分からの債権者集会に出席される方は、債権者集会場にお入りください。

若井：呼ばれましたね。では行きましょう。

～債権者集会場にて～

書山：破産者日車さんの債権者集会を、３番の席で行います。関係者の方といらっしゃれば債権者の方もお越しください。

　　　　　　　　　　　　　：

裁原：よろしくお願いいたします。担当裁判官の裁原です。それでは、破産管財人の先生からご報告をお願いします。

神西：はい。収支についてはお配りした収支計算書記載のとおりです。生命保険解約返戻金については、自由財産の拡張が認められましたので、換価しておりません。

　　　以上で管財業務は終了です。配当に至るだけの財団は形成できませんでしたので、異時廃止が相当と思料いたします。

裁原：ありがとうございました。債権者の方も参加されているので、質疑の時間を設けます。質問のある債権者は挙手してい

ただき、お名前を名乗ってからご質問をお願いします。

貸澤：はい。債権者の貸澤です。2025年7月に破産しているわけ
　　　ですが、この時期になった理由を教えてほしいです。

裁原：申立て時期に関するご質問なので、申立代理人からご回答を
　　　お願いします。

若井：はい。受任が2025年4月で、そこから資産と負債の調査を
　　　開始し、調査が完了して破産申立ての準備が整ったのが同年
　　　7月です。その後速やかに破産申立てをいたしました。

裁原：追加質問などはありますか？

貸澤：いいえ、ありません。ありがとうございました。

裁原：ほかに質問のある債権者は……いらっしゃらないようなの
　　　で、異時廃止といたします。次に、免責意見を伺えますか？

神西：はい。免責不許可事由はありませんでした。

裁原：承知いたしました。債権者の方からは事前の免責意見は受け
　　　ておりません。本日ご出席の債権者で、免責について意見が
　　　ある方はいらっしゃいますか？……いらっしゃいませんね。

　　　　それでは、破産管財人からの免責意見を踏まえて、裁判所
　　　にて免責の判断をいたします。結果は、1週間程度で申立代
　　　理人の先生宛に郵送でお送りします。破産者においては、申
　　　立代理人の先生から結果を確認してください。

　　　　以上をもって債権者集会を終了します。お疲れさまでした。

解説

1 債権者集会の意義

　債権者集会は、主として、破産管財人から出席者（裁判所、破産者、
債権者）に対して管財業務の内容等の報告をする期日をいいます。

　債権者集会には、債権者も出席することができます。もっとも、多く
の事件では、債権者が出席せずに進行します。そのため、破産管財人が
管財業務を報告し、免責意見を述べることで債権者集会が終わることが

多く、所要時間はおおむね５分程度です。

このような流れの場合、破産者又は申立代理人が発言を求められることはほとんどありません。

2 債権者からの質問に対応する

債権者が出席した場合、裁判所から債権者に対して、質問があれば挙手して発言するように促されます。挙手した債権者は、氏名を名乗ったうえで質問をします。

質問は、破産管財人に対して管財業務等の内容を尋ねるものであることが多いです。しかし、破産者に対して、破産に至った経緯等を尋ねる質問がなされることもあります。このように、破産者側で回答することが適すると思われる質問の場合は、裁判所から、破産者側において回答するように促されることになります。

この場合、基本的には、申立代理人が、破産者の代理人として回答することになるでしょう。破産者には説明義務（破産法40条1項1号）があるので、その義務の範囲内で誠実に対応する必要があります（もっとも、破産手続開始決定後の生活状況など、破産手続との関係で回答が必須ではない事項については、回答を拒否して差し支えありません）。

3 破産管財人が免責意見を述べる

破産管財人は、債権者集会において、管財業務の報告を終えた後、免責意見を述べます（免責審尋期日を兼ねているため）。

免責意見は、①免責不許可事由なし、②免責不許可事由があるものの裁量免責相当、③免責不許可事由があり裁量免責不相当、の３つのうちいずれかが述べられます。多くの事件では、①か②のいずれかの意見が述べられます。また、免責意見は、債権者からも述べることができます。

申立代理人としては、破産管財人又は債権者から③の意見が出される可能性がある事案の場合には、あらかじめ、想定される理由に対する反論の意見書を提出しておいたほうがよいでしょう。

4 債権者集会の場所

　東京地裁民事第20部は、2022年10月24日以降、霞が関庁舎から中目黒庁舎に移転しました。債権者集会も中目黒庁舎で開催されますので、場所を間違えないように気を付けましょう。

　債権者集会場には、期日の15分前から入場できます。直前の集会が長引くこともあるので、入場案内を受けてから入場しましょう。

補足解説

同時廃止事件の免責審尋

　同時廃止事件の免責審尋は、毎週火曜日に、中目黒庁舎の第306号法廷で行われます。破産手続開始決定日の約3か月後に指定されるので、指定された日時に破産者を同行して出席しましょう。

　指定日時の30分前から受付が開始され、受付順に番号札を渡されます。免責審尋は、番号札の番号順に進行します。

　破産者が免責審尋までに転居していた場合、変更後の住所が記載された住民票（本籍の記載があるもの）の提出が必要であるため、あらかじめ転居していないか確認しておきましょう。

　なお、破産者が病気等により免責審尋に出席できない場合には、出席できない理由を記載した申立代理人名義の上申書を、事前に裁判所に提出します（必要に応じて診断書等を添付します）。正当な理由と認められれば、破産者の出席は免除されます（この場合でも、申立代理人は出席を要します）。

実務の鉄則

債権者が出席しない場合は5分程度で終わるが、出席した場合は質問がくることがある。説明義務に則って回答しよう。

4

業務の終了
今後の生活の注意事項を説明しよう

依頼者には最後に何を伝えるべき？

～債権者集会から１週間、保須法律事務所にて～

若井：日車さん、先週は債権者集会お疲れさまでした。

日車：こちらこそありがとうございました。

若井：裁判所から免責許可決定書が届きましたので、決定書をお渡し
　　　しししますね。大事に保管しておいてください。

日車：はい、ありがとうございます。

若井：これをもって、私の業務は終了です。日車さんも、郵便物の
　　　転送や住居の制限はなくなっていますので、普段どおりの生
　　　活に戻っていただけるかと思います。

日車：先生、本当にありがとうございました。

若井：ただ、申立前にもご説明したとおり、免責許可決定が確定し
　　　てから７年間は、再度の免責許可申立てをしても免責不許可
　　　事由があることになりますので、もう負債を抱えるような生
　　　活はしないように気を付けてくださいね。

日車：わかりました。これを機に十分に気をつけたいと思います。
　　　これまでご対応いただいて本当にありがとうございました。

解説

1　免責許可決定書を交付する

　債権者集会の日から１週間程度後に、裁判所から免責許可申立てに対
する決定書が届きます。免責許可決定が出た場合には、これを破産者に

交付して事件処理は終了となります。なお、免責許可決定は、決定日の1～2週間後に官報に掲載され、即時抗告されることなく官報掲載日から2週間が経過した時に確定します(破産法252条5項、7項、9条参照)。

2 今後の生活の注意事項を説明する

破産手続が終わっても、破産者の生活はこれからも続きます。

免責許可決定が確定してから7年以内の破産は、免責不許可事由です(破産法252条1項10号)。この場合、必ず管財事件となりますし、他の免責不許可事由と比較しても裁量免責の審査は厳格です。

そのため、破産者には、収入に見合った生活を心がけるよう伝え、7年以内に再度の破産申立てを要するような状態に陥ってしまうことのないように注意喚起をしましょう。

3 法テラスへ報告書を提出する

法テラスの援助を受けた事件では、報告書を忘れずに提出しましょう。

なお、生活保護受給者が法テラスの援助を受けて破産申立てをした場合、事件終了後に法テラスから届く終結決定書には、終結から約2か月後から法テラスに対する返済が始まる旨の記載があります。これは、あくまで生活保護受給者については、事件終了までの間、償還が猶予されていたにとどまるからです。

もっとも、生活保護受給者については、免除決定を受けることで償還が免除されます。申立代理人としては、破産者に対して、償還免除申請を忘れずに行うよう声をかけると丁寧でしょう。

実務の鉄則

破産者の生活はこれからも続く。収入に見合った生活を心がけるよう注意喚起をしよう。

第2編

法人破産の相談事例

－自転車操業の限界－

事件受任の前に
法人破産の特徴を理解しよう

> **モデル事例**　法人破産は個人破産とどう違う？

〜保須法律事務所にて〜

保須：若井先生、お疲れさま。法人破産申立ての新件があるのだけど、一緒に対応してもらえるかい？

若井：もちろんです。どういった事案でしょうか？

保須：事業継続中の株式会社の破産申立てだよ。

　　　受任案件データベースで、若井先生が受任中の案件のなかに本件と利益相反になりそうなものがないことは事前に確認しているけれど、念のため、若井先生のほうでも利益相反チェックをしてもらえるかな。

若井：承知しました。

保須：法人破産は、個人破産と比べて、従業員や取引先などの利害関係人が多く、法律関係も複雑になりがちなのが特徴だ。若井先生にも色々とお願いすることになるだろうから、あらかじめ書籍等で法人破産申立事件の概要を確認しておくとよいと思うよ。

若井：はい、がんばります！

> **解説**

1　法人破産の特徴

第 1 編では、個人が破産者となるケース、いわゆる個人破産事件を題材として解説をしました。

第2編では、法人（特に株式会社）が破産者となる法人破産事件を題材として解説をしていきます。第1編の個人破産事件と共通する部分は省略し、法人破産事件特有の話や注意すべきポイントに絞って解説をしていきますので、適宜、第1編も振り返りながら読み進めていただければと思います。

　さて、**個人破産事件と法人破産事件とで大きく異なる点は、利害関係人の多さや法律関係の複雑さ、言い換えるならば「規模感」でしょう**（個人破産事件でも、個人事業主の破産であれば、法人破産と大きく異ならないでしょうが）。

　個人の場合、住宅ローンや奨学金、貸金業者や親族知人に対して債務を負担することはあるでしょうが、債権者の数はせいぜい10名前後（多くても20名程度）にとどまることが多いかと思います。

　これに対して、法人は、何らかの事業を営んでいるという性質上、複数の取引先が存在したり、従業員を雇用していたりします。そのため、中小企業であっても、債権者の数が50名を超えることは珍しくありません。

　このように、法人破産事件では利害関係人が多数になりがちです。また、利害関係人と一言で言っても、その内訳は、従業員、仕入先、売掛先、金融機関、リース会社など、多種多様です。それぞれについて注意を要する法律問題があり、複雑な法律関係となっています。

　申立代理人には、法人破産事件が多数の利害関係人による複雑な法律関係を包含することを踏まえたうえで、適切な申立てをし、破産管財人への引継と管財業務への協力をするという役割が求められます。

2 法人破産は一刻を争う緊急手術

　法人破産事件の中でも、**事業継続中の法人の破産申立ては、特にスピードを意識しなければなりません。**

　先ほども述べたとおり、法人破産事件には多種多様な利害関係人が多数登場します。特に、従業員は当該法人で働くことで日々の生活の糧を得ています。そのため、法人破産事件においては、破産は最終手段であ

り、その前に可能な限り再生手続や事業譲渡の可能性を模索するべきです。

　しかし、そもそも法律相談に訪れる法人は、資金繰りに窮していることがほとんどです。資金ショートが目前に迫る中、いたずらに時間をかけてしまうと、再生手続や事業譲渡の可能性が失われ、破産するしか選択肢がないという事態になってしまいます。

　このように、法人破産事件は、一刻を争う緊急手術のように、スピードと繊細さが求められるのです。

　迅速かつ的確に法人破産申立てをするためには、受任してからあれこれ調べていては間に合いません。法人破産事件を受任する前に、本書を通じて法人破産事件の基礎を身に付けていただけたら何よりです。

③ 利益相反がないかチェックする

　モデル事例で利益相反チェックの話が出たので解説しておきましょう。

　弁護士は、すでに受任中の案件や法律相談を受けた案件に関して、その相手方からの依頼を受けてはなりません（弁護士職務基本規程27条・28条）。この趣旨は、当事者の利益を損なう可能性がある点にあります。

　したがって、新規の案件を受ける場合には、あらかじめ、既存の案件の当事者名等を確認し、その相手方からの依頼に該当しないかを確認しておく必要があります。これを利益相反チェックといいます。

　利益相反禁止規定は、複数人で法律事務所を構えている場合には、同じ事務所に所属する他の弁護士との関係でも問題となります（弁護士職務基本規程57条）。たとえば、A法律事務所に所属する甲弁護士が受任している案件の相手方乙からの依頼を、同じA法律事務所に所属する丙弁護士が受任してはならないということです。そのため、複数人で法律事務所を構えている場合には、互いの案件について必要な範囲で情報を共有しておく必要があります。

　多くの法律事務所では、事件管理用のソフトを活用したり、受任案件のリストを作成して共有したり、定期的に事務所会議を行って情報を共

有したりしていることと思います。

　どこまで情報共有するか（市役所等での法律相談など、受任に至らなかったものも含む全件について、相談内容等の詳細を共有するのか）は悩ましい問題です。少なくとも、法律相談のみで終了した案件も含めて、当事者名はデータベース化しておき、迅速に利益相反チェックができるような体制を整えておくことが望ましいでしょう。

補足解説

破産手続のIT化

　2023年6月6日、破産申立て等の手続をオンラインで可能とする改正法が成立しました。この改正法は、2028年までに順次施行されることになっています。

　改正法施行後も、申立時に作成・提出するべき資料の種類や内容が大きく変わることはないと思われます。そのため、今のうちに本書を活用し、破産申立てのスキルを磨いておくと、IT化にもスムーズに順応できるでしょう。

 実務の鉄則

　法人破産の特徴を理解しよう。迅速かつ的確な処理のため、事前に基礎を身に付けておこう。また、利益相反の有無についてよく確認しよう。

2

相談者への事前対応
事案を把握して早期に面談しよう

モデル事例 ▶ 相談者には何の資料の持参をお願いすればよい？

～利益相反チェック後、保須法律事務所にて～

若井：保須先生、利益相反になり得る案件はありませんでしたの
　　　で、よろしくお願いいたします。

保須：確認してくれてありがとう。早速だけど、代表者との打合せ
　　　が来週木曜日 13 時から当事務所であるので、スケジュール
　　　に入れておいてもらえるかな。

若井：承知いたしました。

保須：代表者には事前に資料の送付をお願いしているから、届き次
　　　第共有するね。代表者とは事前に電話でこんな話をしたよ。

（以下、回想）

保須：自操さんが代表取締役を務めていらっしゃる株式会社 JISO
　　　の破産をご検討ということですね。

自操：はい、保須先生。よろしくお願いいたします。

保須：株式会社 JISO の事業内容を教えてください。

自操：果物加工品、要するにジャムやお菓子ですが、そういったも
　　　のを製造し、飲食店やホテル等に販売しています。

保須：現在も事業は継続していますか？

自操：はい、継続中です。

保須：資金繰りはどうなっていますか？

自操：昨年から売上が大幅に減少して、繁忙期は黒字になることも
　　　あるものの、基本的には赤字が続いています。月次の売上が
　　　300 万円ほどに対して、経費が 350 万円ほどです。手元資

金が 500 万円ほどになってしまっていて、いいかげん腹を
決めないといけない段階でして……。

保須：なるほど、ご事情はわかりました。早急に詳しいお話を伺っ
たほうがいいですね。

　　　直近 3 期分の決算書と、今期の試算表を持参していただけ
ますか。それと、会社の事業内容がわかるパンフレットかホー
ムページ、それと従業員リストと賃金台帳、未払賃金の有無
についても整理しておいてください。

自操：わかりました。

解説

1 まず事案の概要を把握する

　法人破産事件では、まずは事案の概要を把握しましょう。把握すべき
事案の概要としては、以下の事項が挙げられます。

(1) 事業内容、事業継続中か否か

　事業内容を知ることで、どのような資産・負債が存在するか等、具体
的なイメージを持つことができます。また、事業類型ごとにある程度、
定型的な注意点があるため、気を付けるべきポイントを想定することが
できます。

　事業廃止済みであれば、比較的緊急度は低いといえます（もちろん、
未払賃金立替払制度等との関係で申立てを急ぐべきことには変わりあり
ません）。これに対して、事業継続中の場合には、緊急度や求められる
慎重さが格段に上がります。

(2) 資金繰り

　たとえば、潤沢な現預金を有しており、仮に売上がなくても数か月は
事業を維持できるような事案であれば、かなり時間に余裕を持って準備
を進めることができます。

これに対して、半月後には資金がショートしてしまうような事案だと、1分1秒を争う事態といえるでしょう。

　このように、法律相談初期の段階で、事案の概要（緊急度）を把握し、適切な方針を立てて処理を進めることが大切です。

2 早期に面談を実施する

　面談は、早期に行うに越したことはありません。

　1で説明したとおり、緊急度が高い事案であれば、1分1秒を争います。また、緊急度がそれほど高くないと思われる事案であっても、法人破産は多数の利害関係人がいますから、すでに仮差押え等の準備に着手している債権者がいないとも限りません。

　また、たとえば、従業員への給与が遅配してしまうと、経理担当者や事業のキーマンといった重要人物が離れていってしまう可能性があります。そうなると、法人の資金状況が正確に把握できなくなってしまったり、事業譲渡の可能性をつぶしてしまったりすることになります。他にも、取引先やリース会社への支払が遅滞してしまうと、事業に不可欠な原材料が入手できなくなったり、事業継続に必要なリース物件を引き揚げられてしまったりします。こうなると、やはり事業譲渡の道は閉ざされてしまいかねません。

　このような状況で、面談が先延ばしになり、対応が遅れてしまうと、刻一刻と相談者の状況が悪化してしまうおそれがあります。

　そのため、どのような事案であれ、**法人破産については可能な限り早期の面談を実現できるように尽力しましょう。**

3 持参すべき資料を指示する

　面談に際して、どういった資料を持参してもらえばよいでしょうか。

(1) 全部事項証明書等

　まずは、法人の全部事項証明書（いわゆる登記）を確認しましょう。

これにより、会社の本店所在地や支店の有無などがわかります。最も重要な情報は、役員構成です。株式会社が破産の申立てをする場合、原則として、取締役会議事録（取締役会設置会社の場合）か取締役全員の同意書が必要になります。そのため、役員構成を正確に把握するために、全部事項証明書を確認する必要があります。

なお、登記情報提供サービスに加入していれば、会社の商号と本店所在地さえわかれば、最新の登記情報を確認することができます。そのため、わざわざ相談者に持参してもらわずに、弁護士側で登記情報を取得することも多いです。

(2) パンフレット等

次に、法人の事業内容がわかるパンフレット等があれば、持参してもらいましょう。登記情報にも法人の主たる目的は記載されていますが、複数の目的を設定している法人のほうが多く、登記情報の記載だけでは実際にその法人がどういった事業を主軸にしているのかを知ることは困難です。

パンフレット等があれば、主軸にしている事業のほか、主要な取引先、主要な施設や設備、同業他社と比べたときの強みなどを知ることができます。同様に、ホームページのある会社であれば、面談前にホームページをひととおり確認しておくことが望ましいでしょう。

(3) 決算書、試算表

そして、法人の経営状況を把握するうえで最も重要な資料が、決算書です。大半の法人は、（内容の正確性は千差万別であるものの）決算書を作成して税務申告をしています。

税理士に依頼して税務申告をしている会社であれば、内容の正確性はある程度担保できますし、税理士から事情を聞くこともできるでしょう。これに対して、税理士に依頼せず自社内で税務申告をしている会社や、税理士報酬の不払等で税理士との関係が切れてしまった会社の場合には、経営状況の把握に苦労する可能性があります。この場合には、社内の経理担当者がキーパーソンになりますので、可能な限り早期に経理担

当者とも面談できるように努めましょう。

　決算書は、できるだけ複数年分のものを持参してもらいましょう。少なくとも、直近3期分は確認したいところです。

　また、決算書は、あくまでその決算期の経営状況を記載するものですので、タイミングによっては、直近の決算書から経営状況が大きく変わっていることがあり得ます。そのため、月次の試算表も持参してもらい、可能な限り最新の経営状況を、客観的な資料で把握できるようにしましょう。

　決算書には、その会社の資産と負債がひととおり記載されています。決算書から得られる情報量は非常に多いので、先に決算書を送ってもらい、面談前に目を通しておくとよいでしょう。

(4) 従業員リスト、給与台帳等

　従業員が相当数いる会社の場合は、従業員リストを用意してもらうとよいです。従業員リストには、氏名や連絡先のほか、各人の役職や業務内容も記載してもらうと理想的です。従業員リストをもとにして、優先的にヒアリングを実施すべき従業員を決めたり、事業譲渡の可能性がある場合に雇用関係を維持すべき従業員を選んだりします。

　あわせて、給与台帳と未払賃金の有無・金額のリストアップもお願いしておくとよいです。会社が破産するということは、従業員にとっては生活の糧となる仕事を失いかねないことを意味します。特に、すでに給与の遅配が始まっているような場合、従業員は不安でたまらないことと思います。

　給与債権は財団債権又は優先的破産債権に該当します(破産法149条、98条1項、民法306条2号、308条)。そのため、金額等次第では、破産申立ての直前に支払ったとしても偏頗弁済に該当しません。そのため、未払給与の有無・金額は早期に把握しておきましょう。

(5) その他資料と注意事項

　これら以外にも、たとえば、不動産や大型の機械類、又は知的財産権などの資産を有している場合には、それらの詳細や換価価値がわかる資

料の持参をお願いすることが考えられます。

　もっとも、初回の面談前にあまり多くの資料の準備をお願いすると、面談をする心理的ハードルが上がってしまいかねません。「言われた資料を全部用意しないと、面談してもらえないのかな」「全部の資料を準備するにはかなり時間がかかりそうだけれど、それまで会社を維持できるだろうか」「面談してもらうだけでこんなに大変だったら、もうあきらめてしまったほうがよいのだろうか……」と思わせてしまうことだけは、絶対に避けなければなりません。

　どんなに準備を万端にしても、面談を通じて新たに必要な資料が判明することも少なくありません。そうであれば、まずは初回の面談を早期に実施することを最優先事項とし、それまでの間に集められた資料だけを持参してもらって、まずは面談を実施するようにしましょう。不足資料は、初回面談の後に改めて集めてもらえば十分です。

■相談者に持参してもらう資料等

- ☐ 会社の全部事項証明書（登記情報を弁護士が取得してもよい）
- ☐ 会社の事業内容がわかるパンフレット等
- ☐ 直近3期分の決算書、試算表
- ☐ 従業員リスト、給与台帳、未払賃金の有無・金額リスト
- ☐ その他主要な資産の内容がわかる資料

⚖ 実務の鉄則

相談者の資産状況は刻一刻と悪化していく。まずは早期に面談日程を決めよう。その後、資金繰りや事業の概要等をヒアリングするために、それまでの間に集められる資料の収集・持参をお願いしよう。

倒産手続の選択
資金繰りを把握し、適切な手続を選択しよう

モデル事例 相談者から何を聞き取る？

〜自操氏との法律相談、保須法律事務所にて〜

保須：こんにちは、自操さんですね。私は弁護士の保須です。こち
　　　らは、共に本件を担当する若井弁護士です。

若井：若井です。よろしくお願いします。

自操：自操一郎です。このたびはよろしくお願いします。

保須：早速ですが、ご持参いただいた資料を拝見します。

【資料と聴取から判明した株式会社 JISO の状況】
・果物加工品の製造販売
・2015 年設立
・取締役会設置会社、監査役設置会社
・代表取締役：自操一郎（100％株主）
・取締役：自操妻美（自操一郎の妻）
・取締役：友野達哉（自操一郎の友人）
・監査役：自操次郎（自操一郎の弟）
・従業員は 5 名。直近 1 か月分の給与が未払
・現預金 500 万円
・売掛金 300 万円
・本社不動産 1 億円（担保付）
・流動負債 1000 万円（買掛）
・固定負債 2 億円
・債権者数 20 社（17 社は取引先、3 社は金融機関）
・公租公課の滞納あり（800 万円）

保須：近年は営業損失が出てしまっているようですが、いつごろから経営が厳しくなってしまったのですか？

自操：1年半ほど前からです。フランスの同業他社が日本に進出して取引先が次々とそちらに流れてしまったのが原因でした。

施設が老朽化していたため、2年前に銀行から事業資金を借り入れて施設を刷新したばかりの頃の出来事です。銀行への返済のため、経費を削減し、もともと10名いた従業員も、必要最小限の5名にまで減らしたのですが、売上が戻らない以上は焼け石に水で……。

これ以上はもたないと思い、知人の社長に相談したところ、保須弁護士をご紹介いただきました。

保須：自操さんとしては、株式会社 JISO の事業を継続したいというお考えはありますか？

自操：私の息子は会社を継ぐ気がなく、潮時かなと感じていました。従業員たちの生活もありますし、事業の継続にはこだわりません。

保須：刷新したという設備も大半は担保権が設定されていますし、事業譲渡は難しそうですね。公租公課の滞納額も大きいですし、伺った資金繰りに鑑みても事業譲渡先をじっくり選定している時間的余裕はなさそうです。

そうすると、今回は破産申立てが適切でしょう。

自操：はい、よろしくお願いいたします。

解説

1 聴取すべき事項

聴取すべき事項をおおまかにグループ分けすると、(1)会社の機関に関する事項、(2)会社の事業に関する事項、(3)会社の経営状況に関する事項、に分けられます。

(1) 会社の機関に関する事項

　持参資料の項目（本書 142 頁）でも解説したとおり、会社の登記情報を確認しつつ、会社の機関（役員構成）について確認しましょう。

　役員構成については、登記されている内容のとおりであることがほとんどです。ただし、例外的に、たとえば長期間登記を更新していない会社の場合で、すでに亡くなっている役員がいるというケースもあります。

　あるいは、役員には就任していないものの、大株主などのキーパーソン（実質的支配者）がいるケースもあり得ます。登記情報という客観的な資料をベースにしつつ、それだけでは読み取ることのできない事情を、面談で丁寧に聴取していくことが重要です。

(2) 会社の事業に関する事項

　会社の事業に関する事項についても、会社のホームページやパンフレット等をベースに聴取していくことになるでしょう。

　もっとも、ホームページやパンフレット等が長期間更新されておらず、情報が古くなっているケースも珍しくありません。面談の際に、最新の情報を確認しておきましょう。

(3) 会社の経営状況に関する事項

　持参してもらった 3 期分の決算書と試算表をベースに、会社の経営状況を聴取していきましょう。

　決算書は、会社の経営状況を把握するうえで重要な資料です。特に注意して読むべき点がいくつかあります。

　まずは、作成時期に気を付けましょう。たとえば、3 月末日決算の会社の令和 4 年 3 月期決算書は、令和 3 年 4 月 1 日から令和 4 年 3 月 31 日までの会社の経営状況を表しています。しかし、半年経過した令和 4 年 9 月時点の経営状況は、決算書の数字とは変わっているはずです。決算書は、あくまで過去の一時期の状況を示すものに過ぎないということは念頭に置いておきましょう。

　また、決算書の現預金の金額は、決算書の数字と面談時とで大きく異なっていることが多いです。現預金は流動資産と呼ばれるように、日々

の事業で常に流動的に変動します。

　それに加えて、現金の数字は、現実を反映していないことがしばしばあります。この原因は、決算書を作成する過程で、計算が合わないもの（使途不明金など）の帳尻を合わせるために、現金として計上してしまう例がある点にあります。面談時には、実態に即した最新の情報を聴取しておきましょう。

　次に、決算書には、取引先との間の売掛・買掛金が計上されていることがあります。これによって、ある程度、主要な取引先を把握することができます。もっとも、決算書に記載されているのは、あくまで決算期末日時点で未払になっている売掛・買掛先だけです。期中に既払になっている取引先の名前は決算書には出てきませんので、注意しましょう。

　また、売掛・買掛も、やはり日々の事業で流動的に変動するものです。決算書の数字と面談時とで同じ数字であることのほうが稀だと考えて、最新の情報を聴取するようにしましょう。

2　事業譲渡の可否を検討する

　法人破産事件の場合、原則は、事業を廃止し、保有している資産を個別に換価していき、債権者への配当原資となる破産財団を形成していくことになります。

　もっとも、資産を個別に換価するとなると、物によっては値段がつかないこともありますし、買い手がバラバラだと搬出等の負担があるため、敬遠されがちで総額も低くなりやすいです。

　もしも会社が複数の事業を営んでおり、一部の事業については黒字であるとか、現状は赤字であるものの同業他社がテコ入れをすれば黒字化できる可能性があるといった場合には、「事業」という枠でくくることのできる複数の資産をまとめて譲渡したほうが、買い手が探しやすく、総額も高くなる可能性があります。これを事業譲渡といいます。

　仮に事業の黒字化が可能であれば、事業譲渡の可能性を検討することになります。

　手続選択においてどのような要素を考慮する必要があるか、どのよう

な思考過程をたどるべきかについては、たとえば、瀧華聡之ほか「その事業、少しは残せませんか？」事業再生と債権管理150号106頁以下（2015年）や、野村剛司編著『法人破産申立て実践マニュアル〈第2版〉』（青林書院、2020年）94頁などで詳しく解説されています。

　私なりに簡易化したフローチャートを掲載しておきますので、ご参照ください。可能な限り再生・事業譲渡等による事業存続を検討し、**清算型法的整理は最終手段である**ことを押さえておきましょう。

③ 破産手続を選択した後の打合せの流れ

　破産手続を選択した場合には、その後の打合せの流れは個人破産と同様です（本書30頁以下）。

　まずは、持参してもらった決算書・試算表をもとに、負債と資産について確認していきます。決算書・試算表は疎明資料として裁判所に提出することになるので、特に決算書・試算表に表れていない事項や、決算書・試算表と現状とで異なる事項に気を付けて聴取し、債権者一覧表や資産目録の各項目を記入していきましょう。

手続選択のフローチャート（法人）

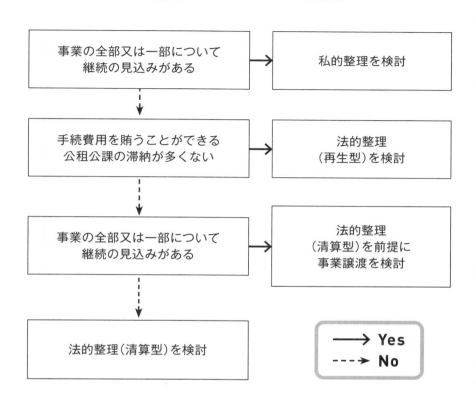

実務の鉄則

清算型法的整理は最終手段。経営状況を検討し、事業の黒字化が可能であれば、再生手続や事業譲渡の可能性も検討しよう。

2

代表者個人の対応
保証債務を確認し、適切な手続を選択しよう

モデル事例 代表者が保証している債務はどう処理する？

〜引き続き、保須法律事務所にて〜

若井：株式会社 JISO の負債について、自操さんは保証契約を締結
　　　し4ていますか？

自操：はい、金融機関3社については、私が連帯保証人になってい
　　　ます。金融機関に対する保証債務の合計額は1億5000万円
　　　です。株式会社 JISO の不動産が担保に入っていますが、知
　　　り合いの不動産業者の話ではせいぜい1億円の評価とのこと
　　　で、負債のほうが多い状況です。

　　　　また、保証債務ではないのですが、会社からの役員報酬が
　　　支払えなかったため、生活費を補填するために私が個人で借
　　　り入れた負債があります。負債総額は600万円です。

　　　　私の収入は株式会社 JISO の役員報酬しかありませんので、
　　　とてもではありませんが返済できません。自宅は賃貸ですし、
　　　売約して返済に充てられるような資産もありません。

若井：そうすると、自操さん個人についても一緒に破産申立てをし
　　　たほうがよいですね。

自操：はい、よろしくお願いします。

解説

1 代表者個人についても破産が必要か

　会社が破産すると、代表者も仕事を失うことになります。

また、代表者が会社の負債について保証人になっている場合、債権者は、代表者に対して請求することになります。代表者は収入を得る手段を失っているので、弁済は困難でしょう。

そうすると、法人破産に際しては、代表者個人の負債についてもどう対応すべきかを検討する必要があります。

② 経営者保証ガイドラインについても検討する

最も処理が容易なのは、代表者についても同時に破産申立てをすることです。この場合、関連事件として処理されることが通常です。

すなわち、法人破産の場合、原則として管財事件となり、1件あたり20万円以上の予納金が生じます。しかし、関連事件として処理される場合、法人と経営者個人の破産をまとめて20万円の予納金で処理できることがあります。もっとも、代表者個人が破産した場合のデメリットは、第1編（本書23頁）で説明したとおりです。

そこで、代表者個人については、破産を回避する方法として、**経営者保証ガイドラインによる処理を検討することが望ましい**でしょう。

経営者保証ガイドラインによる処理ができる場合には、①信用情報機関に事故情報が登録されない、②破産手続における自由財産の範囲よりも広く資産を残すことができる、といったメリットがあります。

他方で、経営者保証ガイドラインを利用するためには全債権者の同意が必要であるため、負債が多額であったり、債権者数が多かったりする場合には、利用は困難です。また、手続の対象となる負債は、法人の金融機関等に対する債務を主債務とする保証債務に限られます。そのため、法人代表者が個人で借入をしている場合には、その債務は対象にならず、経営者保証ガイドラインを利用するメリットが損なわれます。

事例の自操さんは、個人負債もあることから破産方針となりました。

実務の鉄則

経営者個人については、経営者保証ガイドラインを検討しよう。

1

申立日の見通し
申立て予定日を決め、準備を進めよう

モデル事例　　事業停止日はいつにする？

〜自操氏との打合せ後、保須法律事務所にて〜

保須：さて、ここからの進め方だけれど、打合せの最後に自操さん
　　　に追加資料のお願いをしたね。週明けには準備できるという
　　　話だから、来週中に一度、株式会社 JISO を訪問して現状を
　　　確認しつつ、資料を見せてもらおう。

　　　　また、株式会社 JISO では、自操さんの妻の妻美さんが経
　　　理を担当しているらしい。妻美さんも事情は把握しているそ
　　　うだから、妻美さんから株式会社 JISO の資産状況について
　　　詳しい話を聞こう。

若井：わかりました。申立て予定日はいつにしましょうか？

保須：自操さんの話だと、従業員に対する給与支給が毎月 20 日だ。
　　　今月の支払額は合計 350 万円。他方で、株式会社 JISO の現
　　　預金は 500 万円。弁護士費用や予納金のことを考えるとギ
　　　リギリだろう。

　　　　売掛金の入金は毎月末日で、入金予定額は 200 万円。従
　　　業員に可能な限り弁済をしつつ手元資金を最大限確保できる
　　　タイミングは来月上旬ということになるだろう。

　　　　そうすると、今月 20 日に事業を停止して、従業員に対す
　　　る給与等を支払いつつ、月末に売掛金を回収し、来月早い時
　　　期に申立てをする方針で進めよう。

1 密行型かオープン型か

申立日の見通しを立てるには、いわゆる密行型かオープン型かの選択をする必要があります。

密行型とは、密行性を保ったまま破産申立ての準備を進め、事業停止後、即日破産申立てを行う類型です。

オープン型とは、破産申立ての準備段階で、債権者に対して受任通知を発送し、破産申立て予定であることをオープンにする類型です（オープン型の中にも、事業停止日までに申立て準備が整わないためオープン型となる類型（迅速申立て型）と、申立費用捻出のためオープン型とする類型（申立費用捻出型）という分類があります。野村剛司編著『実践フォーラム破産実務』（青林書院、2017年）29頁の図参照）。

(1) 密行型

密行型では、申立て後ただちに破産手続開始決定を出してもらうため、**事前に裁判所に相談**をしておく必要があります。事前相談の際は、事案の要点をまとめたメモを裁判所に提出したり、破産申立書や債権者一覧表のドラフトを提出したりして、情報共有をします。

密行型では、事業停止日（Xデー）に事業を停止し、委任状の作成や破産申立てを行う旨の取締役会決議（又は取締役全員の同意書作成）を行います。また、従業員の解雇手続を行い、可能な限り、解雇予告手当と最後の給与を支払います。

そして、裁判所に破産申立書を提出するとともに、債権者に対して破産申立てを行った旨の通知をします。

事前相談が十分であれば、即日、破産手続開始決定が出て、破産管財人が選任されます。申立代理人は、申立前の状況を知る法律家として、単なる引継をするにとどまらず、可能な限り破産管財人をフォローするように努めましょう。少なくとも、想定される管財業務等をまとめたメモを破産管財人に提出することは必須といえるでしょう。

⑵ オープン型

オープン型も、必要に応じて裁判所に事前相談をすることが望ましいでしょう。

オープン型は、事業停止日の段階で債権者に受任通知を送付し、以後の対応を申立代理人で行うことを表明する点に特徴があります。申立代理人は、債務者代理人として、売掛金の回収や商品等の売却を行い資産の増殖に努めつつ、破産申立ての準備を進めます。

オープン型の場合であっても、受任通知発送から申立日までに相当期間が空いてしまうと、債権者からの不満が増大し、資産の引揚げ等の騒ぎになってしまい、手続の進行が困難となります。また、在庫商品の価値が下がるなど、資産減少のおそれもあります。

したがって、オープン型の場合も、申立ての準備が整い次第、速やかに申立てをすべきことは、密行型と同じです。

密行型とオープン型の大まかなスケジュールは後掲図のとおりです。

2 密行型とオープン型の選択基準

オープン型にするか密行型にするかの選択基準は、主として、**申立費用を用意できるか否か**です。

あくまで、**原則は密行型**です。密行型であれば、債権者対応に時間を割く必要がなく、申立準備に専念することができますし、財産の保全も比較的容易です。そのため、申立費用を用意できるのならば、密行型にするべきでしょう。

しかし、密行型として事業を継続していると、通常の取引が継続しますから、買掛等の支払もしなければなりません。そうすると、手元資金が流出して、申立費用が溜まらないという事態が生じ得ます。

このように、通常の取引を継続していると申立費用が貯まらないため、どこかの段階で「買掛等の支払をストップしつつ、売掛の回収をしたり、在庫商品の売却をしたりして、プラスにつながることだけをせざるを得ない」というケースが、オープン型を選択するケースです。

3　事業停止日を決める

　事業停止日（Xデー）を決める基準は、**法人の資産を最大化できる日はいつか**、という点です。そのため、法人の資金繰り表（日繰り表）を作成し、入出金の額とタイミングを把握します。そして、法人の資産が最大化する日を選び、事業停止日としましょう。

　事例では、「今月20日に事業を停止して、従業員に対する給与等を支払いつつ、月末に売掛金を回収」という方法をとりました。このように、理想としては、従業員の給与（特に、未払賃金立替払制度の対象にならない解雇予告手当分）は支払ったうえで事業停止としたいところです。

　もっとも、給与等の支払すら厳しい経営状況の場合には、給与支払日前に事業停止をすることもやむを得ないでしょう。労働者から見れば酷な話ではありますが、事案によってはそうせざるを得ないケースがあるということは知っておきましょう。

4　オープン型における事業停止日から申立日までの間隔

　理想としては、密行型と遜色ない程度の早期に申立てができるとよいでしょう。他方で、事業停止日から申立日までが不相当に長期に及ぶ場合には、弁護過誤になるおそれがあります。たとえば、事業停止後申立てまでの間に重要な財産が散逸してしまったというケースで、申立代理人の損害賠償責任が認められた裁判例もあります。

　また、未払賃金立替払制度を利用する場合、事業停止日に従業員を解雇したとすると、そこから6か月が経過してしまうと制度の利用ができなくなってしまいます（本書170頁参照）。

　ほかにも、従業員が退職してから3か月が経過すると、未払賃金債権は財団債権ではなく優先的破産債権となってしまい、配当・弁済を受けられる可能性を減少させてしまうことになります（破産法149条1項）。

　事例では、従業員に対する給与等を支払ったうえで、売掛金を回収し、財産が一番大きくなり、かつ、申立の準備も整うタイミングとして、翌月早い時期に申し立てることとなりました。

密行型のスケジュール

手続選択の段階
- 密行型かオープン型か検討する
- 事業停止日（Xデー）を決める
- 申立費用を確保する

申立て準備の段階
- 申立書等のドラフトを作成する
- 裁判所に事前相談する
- 破産管財人への引継事項をまとめる

事業停止日（Xデー）
破産申立て、破産手続開始決定

破産手続開始決定後の段階
- 債権者への通知
- 破産管財人への引継、フォロー

オープン型のスケジュール

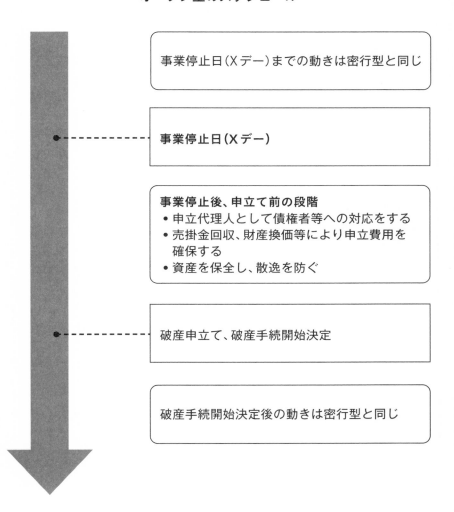

事業停止日(Xデー)までの動きは密行型と同じ

事業停止日(Xデー)

事業停止後、申立て前の段階
- 申立代理人として債権者等への対応をする
- 売掛金回収、財産換価等により申立費用を確保する
- 資産を保全し、散逸を防ぐ

破産申立て、破産手続開始決定

破産手続開始決定後の動きは密行型と同じ

実務の鉄則

申立費用を用意できるかで、密行型とオープン型かを選ぼう。また、法人の資産を最大化できる日を事業停止日にしよう。

2

申立書の作成
意義を理解して、要点を押さえて作成しよう

モデル事例 ▷ どのくらいの完成度の書面を目指すべき？

〜保須法律事務所にて〜

若井：法人破産の申立書も、ひな型があるのですね。

保須：そうだね。この申立書の項目を埋めていけば、必要な情報を
　　　カバーすることができるよ。

若井：わかりました。じっくり時間をかけて一つひとつの項目を丁
　　　寧に埋めて、完璧な申立書を作成してみせますよ！

保須：いや、それは良くないよ。

　　　　そもそも申立書は、債務者の特定、開始原因の疎明、裁判
　　　所に対して事案の概要を伝え、破産管財人に管財業務の初動
　　　を伝えることが重要なんだ。また、申立自体が適切な時期に
　　　なされるべきであり、「申立書の作成に時間がかかったから、
　　　申立日を遅らせる」ことがあってはならない。

　　　　このポイントさえ押さえておけば、記載内容に多少アバウ
　　　トな部分があったとしても問題ないよ。不足部分については、
　　　申立後に追完することだってできるからね。

若井：なるほど、完璧な申立書づくりではなく、完璧な申立てをす
　　　るべきということですね。

解説

1 申立書の意義

　申立書は、「債務者の特定」「開始原因の疎明」「裁判所に対して事案

の概要を伝え、破産管財人に管財業務の初動を伝えること」が重要な役割です。申立書のひな型は、これらの重要なポイントを漏れなく記載できるように作られています。

　もっとも、申立書のひな型の各項目をすべてきれいに埋めることを重視するあまり、申立書の作成等の準備に過大な時間をかけてしまうのは適切ではありません。

　法人破産はスピード勝負です。重視するべきは、適切なタイミングに申立てをすることであって、きれいな書面を作ることではありません。したがって、上記の重要なポイントをまずは押さえつつ、申立後の追完もあり得るというスタンスで申立書を作成するのがよいでしょう。

　債権者一覧表も、個人破産と異なり、債権者から債権調査票を取得せずに、債務者が把握している限りで記入すれば足ります（そもそも、密行型であれば、受任通知を送付しないため、債権調査票を取得しないことが前提となります）。負債額が不明の場合であっても、最低限、債権者名及び住所の記載があれば、裁判所から破産手続開始通知書が送付されますから、破産手続に参加する機会を確保することができます。申立代理人としては、債権者の記載漏れには特に気を付けましょう。

2　破産管財人へバトンを渡す

　申立書を作成する際は、破産管財人へバトンを渡すということを意識しましょう。

　破産管財人は、申立書副本で初めて事案に触れることになります。そのため、「どのような会社が、なぜ支払不能に至ったのか」「どのような資産と負債があり、破産管財人に求められる業務として何があるのか」といった事項が端的に把握できるような記載し、添付資料を揃えます。

⚖ 実務の鉄則

申立後の追完もあり得るというスタンスで作成しよう。また、初めて事案に触れる破産管財人目線で作成すること。

3

関係者からの事情聴取、現地確認
資産状況を正確に把握しよう

モデル事例　現地では何をどのように確認する？

～終業時刻後、株式会社 JISO にて～

若井：あそこにいるのは……掃除のおじさんか。保須先生は……まだ来ていないのかな？

　　　それにしても、なぜこんな遅い時間に打合せを？　しかも、私服に着替えて来なさいと言われたけれど……？

保須：やあ若井先生。時間ぴったりだね。

若井：えっ……？　あっ、保須先生！？

保須：営業時間中だと、取引先や従業員の目に触れる可能性があるでしょう。自操さんの話では、出入りする人はほとんどが作業着で、スーツを着た人はめったに見ないらしい。だから、営業時間外、かつ、私服での打合せを自操さんに了承してもらったんだよ。

若井：なるほど、そういうことだったのですね（私ですら、声をかけられるまで、掃除のおじさんが保須先生だとは気づかなかったもんな。びっくりした……）。

保須：自操さん、遅い時間に失礼いたします。

自操：ご指示どおり、経理担当の妻美以外、従業員は全員帰宅しています。

妻美：事情は夫から伺っております。私は何をすればよいのでしょうか。

保須：株式会社 JISO の資産状況について、詳しく伺えればと思っております。また、リース契約書などの契約書等の資料も確認させてください。従業員名簿と賃金台帳なども必要になり

ますので、そういった資料の準備にご協力いただけると助かります。

　また、株式会社 JISO が破産申立ての準備を進めていることは、ここにいるメンバー以外には秘密でお願いします。取引先や従業員に情報が漏れてしまうと、無用な混乱を招いてしまいますので、気を付けてください。

　秘密を守るため、当事務所からのお電話は、自操さんと妻美さんの携帯電話宛にかけさせていただきます。後程、ここにいるメンバー宛にメールをお送りします。メールでの連絡は、このメールに対する「全員に返信」を利用して、常に情報を共有できるようにしましょう。

妻美：承知いたしました。

解説

1 関係者から事情を聴取する

　中小企業の場合、経営者自身は会社の資産状況について正確に把握していないことがあります。この場合には、会社の資産状況について正確に把握するため、経理担当者など、正確に理解している関係者から話を聞くことが必要です。

　聴取すべき事項は、主として、決算書などの資料に基づいて、以下のような事項（特に、決算書等の資料と現状との相違点）が考えられます。

■関係者から聴取すべき事項

- 現預金の現在額、売掛先、売掛金額、支払予定日及び回収可能性
- 在庫の存否、保管場所、財産的価値の程度、仕掛品の存否及び完成までに要する期間等
- 不動産や換価価値のある動産の存否、担保設定の有無
- リース品など、返却を要する物品の存否
- 債権者名及び現時点の負債額、（人的・物的）担保設定の有無

- ・労働債権、租税債権の存否及び額
- ・契約書や給与台帳等の重要資料の存否及び保管状況

　また、関係者から事情聴取する際は、（密行型の場合は特に）情報漏洩に留意しなければなりません。取引先や従業員に気づかれることのない連絡方法を決めておき、遵守することが重要です。

② 現地確認で法人の状況を把握する

⑴ 現地確認の重要性

　状況を正確に把握するためにも、法人の事務所等（工場や倉庫があればそれらも）の現地確認をすることが望ましいです。

　現地確認をすることで、依頼者自身が説明を失念していた事情が判明したり、聞いていた話と実際の状況とのイメージの相違に気づいたりすることがあります。百聞は一見に如かずといいますし、可能な限り現地確認を実施しましょう。

⑵ 物品等はできるだけ写真撮影をしておく

　現地確認の際には、可能な限り多くの写真を撮影しておきましょう。写真に残しておけば、後日、気になった箇所を確認する際に写真で足りることがありますし、債権者等に物品を持ち出されたといった事態でも対象物の特定につながることがあります。また、申立書等に添付することで、裁判所や破産管財人に正確な状況を伝えることができます。

⑶ 破産申立ての動きが察知されないように配慮する

　他方で、現地調査の様子を取引先や従業員等に見られてしまうと、破産申立ての動きが察知されてしまう可能性があります。特に資産状況の悪化した会社では、従業員の間で「うちの会社大丈夫かな」といったうわさが飛び交っていることも少なくありません。このような状況において、いかにも弁護士然とした人物が社内をうろついていたとしたら、余計にうわさが広まってしまうおそれがあります。

そのため、来訪する時間帯を営業時間外にしたり、弁護士バッジやスーツの着用を避けたりするなどの工夫も検討します。

　こういった工夫を講じてもなお密行性を守れないおそれがある場合には、法人代表者に写真撮影をしてもらったり、図面や地図で位置関係を把握したりするのみにとどめることもあります。

写真は図面とセットで

　物や場所の位置関係を示す証拠として写真を提出する場面は、破産事件に限らず数多くあります。

　しかし、特に位置関係が複雑な場合、写真だけを見ても状況が把握しづらいということは少なくありません。

　このような場合には、撮影位置や方向を書き加えた図面を添付し、その写真が何をどこから見たものなのかを明示するとよいでしょう。現地調査が実施できない場合に、法人代表者等が撮影した写真で現場の状況を把握しようとする際にも、図面を横に置いて、撮影位置と方向を確認しながら写真を見るようにすると、状況把握が容易になります。

 実務の鉄則

　資産状況の把握のためには、経理担当者から直接話を聞いたり、現地確認を実施することが有効。百聞は一見に如かず。

4

雇用関係の処理
適切なタイミングの解雇で従業員の負担を減らそう

> **モデル事例** 　従業員に破産の事実をどう伝える？

～Xデー当日、株式会社 JISO にて～

自操：みんな、ちょっと集まってもらえるかな。今日はみんなに大切な話がある。先生方、お入りください。

保須：初めまして。弁護士の保須と若井です。突然のことで驚かせてしまい申し訳ありません。この度、株式会社 JISO は破産の申立てをすることになりました。我々は破産申立ての委任を受けた弁護士です。

　株式会社 JISO は、本日をもって事業を停止いたします。そのため、大変申し訳ありませんが、本日付けで皆様を解雇することとなります。破産に至る経緯や注意事項等については、今お配りしている資料に記載しておりますので、ご確認ください。後程、解雇通知書や離職証明書等もお渡ししますので、受領書に署名をお願いいたします。

　皆様に対する給与が一部未払になっている状況は把握しております。本日お支払いする先月分の給与については、解雇予告手当とあわせて、満額お支払いすることができます。もっとも、それ以外の未払賃金については、お支払いするだけの資力がありません。そのため、未払賃金立替払制度というものをご利用いただきます。この制度を利用すれば、未払賃金の8割は支払を受けられます。

若井：（ざわつきが少し落ち着いたな。やはり未払賃金がどうなるか心配だったのだろうな）

古株：質問してもよいですか？　私のような高齢者だと再就職は難

しいと思うのですが、どうしたらよいでしょうか？

保須：ご質問ありがとうございます。再就職先については、自操社長とも事前に検討しておりました。

自操：同業のバタコ堂さんが、数名なら受け入れてくれるそうだ。他にもツテのある同業者にお願いしようと思う。

保須：皆様は失業保険を受けられますので、その間に再就職先を見つけていただければと思います。自操社長もできる限りの協力を申し出ています。

　　　明日以降は社内に立ち入ることができません。私物等は本日持ち帰るようにしてください。また、会社からの貸与品は返却をお願いします。ご家族分も含む健康保険証の返却も必要になりますので、本日返却ができない貸与品等と合わせて、当事務所宛にお送りください。

　　　当事務所の連絡先もお伝えしておきます。何かご不明点などあれば、当事務所にご連絡ください。

解説

1 従業員の不安を可能な限り解消する

　会社が破産する以上、そこで働く従業員との雇用契約も終了せざるを得ません。しかし、従業員にとって、仕事というのは生活をするうえで必要不可欠の糧であるとともに、生きがいでもあります。これほどまでに大切な仕事が、ある日突然失われるとすれば、従業員の感じる不安は極めて大きなものでしょう。

　申立代理人は、法律の専門家として、突如仕事を失うことになる従業員の不安を可能な限り解消し、従業員自身の生活が再建できるように協力し、破産手続を円滑に進める責任があるといえるでしょう。

　なお、会社の規模や代表者と従業員の関係性によっては、申立代理人が同席せず、代表者が直接従業員に話をしたほうがよい場合もあり得ます。申立代理人が同席するか否かは、代表者とよく相談して決めましょ

う。また、申立代理人が同席しないことになった場合には、事前に何をどのように説明するか等、代表者と綿密に打合せしておきましょう。

2 従業員を解雇する

　会社が破産することを理由に従業員との雇用契約を終了しようとする場合、従業員を解雇することになります。従業員を解雇する場合、解雇日の30日前に解雇予告をするか、その不足する日数に応じた解雇予告手当を支払う必要があります（労働基準法20条1項）。

　基本的には、従業員に対して破産する旨を通知する時点で、破産申立ての準備はかなり進んでおり、間もなく申立てをするはずです。したがって、直ちに雇用契約を終了させるため、解雇予告手当を支払って即時解雇することが多いと思われます。

　この点、解雇予告手当は、後述する未払賃金立替払制度の対象になりません。そのため、申立前にいくらか従業員に対して支払いをするならば、**解雇予告手当から優先的に支払うのが望ましいでしょう**（解雇予告手当の取扱いについては、野村剛司編著『法人破産申立て実践マニュアル〈第2版〉』（青林書院、2020年）36頁で詳細に解説されています）。

　また、たとえば、経理担当者など、破産手続開始決定後の管財業務において協力が必要な従業員がいる場合、即時解雇とせず、解雇予告をしつつ30日間は通常どおり勤務してもらい（当然、その分の給与は確保しておくべきですが）、管財業務に協力してもらうことも考えられます。

3 従業員に対して説明すべき事項

(1) 破産に至る経緯と雇用契約の終了等

　従業員は、突然、仕事を失うことになるわけですから、なぜそのような事態に至ってしまったのか、説明を受けないことには納得できないでしょう。そのため、事前に破産に至ることになった経緯を簡潔にまとめておき、説明時に配布するとよいでしょう。

　また、破産に伴い、従業員を解雇せざるを得なくなったことを説明し

ましょう。即時解雇する人とそうでない人がいる場合には、その取扱いの違いと理由について説明しておき、無用な疑念を抱かせないようにします。破産申立て後の手続の流れについても、説明しておくことが望ましいです。

(2) 雇用保険等のお金に関する説明等

　従業員は、仕事によって生活の糧を得ているわけですから、お金に関する説明は不可欠です。

　まず、解雇予告手当を支払う用意があるのであれば、解雇予告手当を支払う旨を説明します。次に、未払賃金や退職金がある場合には、それらの支払の可否について説明します。支払ができない場合には、満額の支払はできない旨と、未払賃金立替払制度の説明をします。

　破産に伴う解雇は会社都合の解雇ですから、従業員は、雇用保険（失業保険）を受給できます。失業保険を受給するには、離職票を交付し、ハローワークに提出してもらう必要があります。したがって、離職票を早期に交付できるように準備を進めておく必要があります。

■解雇時に作成・交付等すべき書類

- **解雇通知書**
  会社から従業員に交付する。解雇日と解雇理由を明記する。受領書を作成すべき。
- **雇用保険被保険者離職証明書、雇用保険被保険者資格喪失届**
  会社からハローワークに提出する。ハローワークから会社に離職票が交付される。
- **離職票**
  ハローワークから離職票を受領したら会社から従業員に交付する。
- **雇用保険適用事業所廃止届**
  会社からハローワークに提出する。
- **健康保険・厚生年金保険被保険者資格喪失届、適用事業所全喪届**
  会社から年金事務所に提出する。提出時に従業員らの健康保険証

が必要になるので、事前に返却してもらう（返却未了の場合は健康保険被保険者証回収不能・滅失届の提出が必要）。

- **源泉徴収票**

会社から従業員に交付する。

- **住民税の異動届**

会社から各市町村に給与所得者異動届出書を提出する。

- **退職所得申告書**

退職金がある場合は、従業員から会社に退職所得申告書（国税庁ホームページから書式ダウンロードが可能）を提出してもらう。

④ 未払賃金立替払制度の利用を検討する

　未払賃金立替払制度とは、賃金の支払の確保等に関する法律に基づき、企業倒産によって賃金等が支払われなくなった従業員のために、国（実施主体は独立行政法人労働者健康安全機構）が事業者に代わって未払賃金の８割（ただし、退職日における年齢に応じて、立替払いの限度額の設定あり）を立替払いする制度です。

　未払賃金立替払制度を利用するためには、次の要件を満たす必要があります。

■未払賃金立替払制度利用の要件

事業主側の要件	労災保険の適用事業の事業主で、かつ、１年以上事業を実施していたこと
	事業主が倒産したこと（中小企業の場合は事実上の倒産でも可）
労働者側の要件	労働基準法上の労働者であること（パート、アルバイトでも可）
	破産手続開始等の申立日又は事実上の倒産の認定申請日の６か月前の日から２年間に退職したこと
	未払賃金額等について、法律上の倒産の場合は破産管財人等が証明し、事実上の倒産の場合は労基署長が確認したこと
	破産手続開始決定又は事実上の倒産の認定の日の翌日から２年以内に立替払いを請求したこと

未払賃金立替払制度の対象となる賃金は、退職日の6か月前から立替払請求日の前日までに支払期日が到来している未払賃金（定期賃金と退職手当）です。賞与と解雇予告手当は、対象となりません。

　立替払いがされるまでには一定期間を要するので、申立代理人としては、事前に準備を進めておき、従業員にも一定期間を要すること（直ちに支払われるものではないこと）を十分説明しておきましょう。

未払賃金立替払制度の対象者

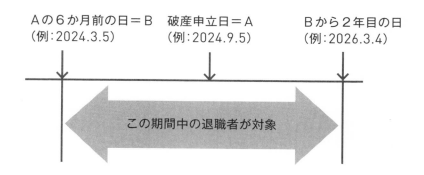

Aの6か月前の日＝B
（例：2024.3.5）

破産申立日＝A
（例：2024.9.5）

Bから2年目の日
（例：2026.3.4）

この期間中の退職者が対象

 実務の鉄則

破産により従業員は職を失う。破産に至った経緯や賃金等の金銭について丁寧に説明しよう。

5

資産の保全
資産を確実に保全し、散逸を防止しよう

| モデル事例 | 会社の資産はどのように保全する？ |

～従業員対応後、株式会社 JISO にて～

若井：では、引き続き、資産の保全を行います。

　　　事前の打合せで確認したとおり、担保権が設定されていない一部の機械類と在庫商品が、主要な換価対象になるでしょう。機械類は比較的新しく、同業他社でも使用可能な物ですから、相応の換価価値があると思われます。

　　　株式会社 JISO ではもともと警備会社と警備契約を締結していたので、警備契約を維持して破産管財人に引き継ぐ方針です。

　　　本件では告示書を掲示するのが適切と思いますので、出入口や搬入口の合計4箇所に告示書を掲示してきます。

保須：よろしく頼んだよ。在庫商品は、プレハブ型の冷蔵庫に保管されていますね。賞味期限はどのくらいですか？

自操：2年間です。

保須：では、予定どおり、電気契約を維持し、冷蔵庫は稼働させたまま在庫商品を保存し、破産管財人に引き継ぎましょう。

　　　在庫商品の数量や種類は、事前にいただいた一覧表から変更ありませんか？

自操：本日完成した分があるので、その分を加えて改めてお送りします。

保須：よろしくお願いします。では、事務所に移動して、帳簿類や印鑑などの貴重品を預からせてください。

1 告示書を掲示する

資産を保全するため、敷地内への立入りや物品の持出しを禁止する旨を明記した告示書を掲示することがあります。

もっとも、告示書を掲示することで、かえって破産申立てを準備中であることを知った債権者による物品の引揚げ等を誘発するおそれもあります。事案によっては、警備契約を維持したり、告示書の掲示自体を留保したりするなどの対応を検討する必要があります。

告示書は、敷地や建物の出入口に目立つように掲示します。屋外に掲示する場合には、雨で濡れたりしても文章が読み取れるようにクリアケースに入れるなどの工夫が望ましいでしょう。また、貼り付けた跡が残らないように、ガムテープではなく養生テープを使用するなどの配慮も必要です。

2 資産を確認する

事前の打合せや現地調査で、保全すべき資産の目星をつけておきます。

日々数量等に変動がある在庫商品等は、事前に一覧表を取得しておくほか、事業停止日時点の数量等を改めて確認し、一覧表を更新しましょう。

また、保全するべき資産が食品等であれば、保存方法や保存期間を確認しておくことも必要です。

その他、帳簿類や印鑑等の貴重品については、紛失等を防止するため、可能な限り申立代理人において保管し、破産管財人に引き継ぎましょう。

実務の鉄則

換価対象となる資産は破産管財人に確実に引き継ごう。告示書の掲示や、場合によっては警備契約を活用しよう。

6

売掛金の回収、契約関係の処理
売掛金の回収や物品の返却で資産を整理しよう

モデル事例 ▷ 申立費用をどのように確保する？

〜破産申立て準備中の保須法律事務所にて〜

保須：若井先生、株式会社 JISO の破産申立て準備の進捗状況はどうなっているかな？

若井：従業員への解雇予告手当等の支払は完了しました。債権者と売掛先への受任通知も送付済みです。

　　　取引先債権者から、数件、問合せの電話がありました。こちらについては、私と原井さんとで対応済みです。

保須：ありがとう。売掛金の回収は進んでいるかな？

若井：売掛先への受任通知には、売掛金の振込を当事務所預り金口座にお願いする旨記載しました。詐欺を疑って自操社長に事実確認の電話があったようですが、私からも事情説明の電話をし、納得してもらっています。

　　　今朝、原井さんに預り金口座の記帳をしてもらったところ、無事に売掛金の回収が完了しました。申立費用の準備が整いましたので、早急に申立てをします。

保須：それはよかった。契約関係の処理はどうかな？

若井：リース契約については、引揚げ日時の調整がついたものについては順次引揚げに応じています。大型機械は運送業者の手配に時間を要するようなので、開始決定後に破産管財人に対応してもらう予定です。

　　　在庫商品の保全や管財業務に必要な電気契約や警備契約は維持し、不要な契約については解約通知を送っています。

保須：申立てまであと少しだ。もうひと踏ん張り頑張ろう。

解説

1 受任通知を送付する

　個人破産編では、受任後は速やかに債権者宛に受任通知を送付するのが原則と解説しました（本書 87 頁）。

　しかし、法人破産の場合には、**そもそも受任通知を送付するべきか否かという点から検討が必要**です。

　そもそも、法人破産の場合、原則は密行型です。債権者一覧表も、債権調査票の取得をせずに作成します。したがって、申立前に受任通知を送付するべきではありません（申立後に、破産を申し立てた旨の通知を送付します）。

　法人破産の場合に受任通知を送付するのは、オープン型のときです。オープン型では、申立代理人が法人の代理人として矢面に立ち、債権者からの問合せや売掛金の回収等を行う旨を表明するために、受任通知を送付することになります。なお、この場合であっても、公租公課庁に対しては受任通知を送付しないのが通常です。

2 売掛金を回収する

　オープン型の場合には、受任通知送付後、破産申立前の時期に売掛金の回収を行い、申立費用の捻出や破産財団となるべき資産の増殖を目指します。

　売掛金を回収する際には、破産管財人に対して引継をすることを常に念頭に置き、**適切な回収行為であったことを検証できるようにしておく**ことが重要です。たとえば、不当に値引きをした場合には、詐害行為として否認の対象になり得ますし、財産減少行為として法人代表者や申立代理人の損害賠償責任が問題になり得ます。

　そこで、売掛金回収状況一覧表を作成し、だれに対して、いくらの債権があり、いつ、いくら回収をしたか（債権額と回収額に差異がある場合にはその理由）を明記しておくとよいでしょう。

　突然、申立代理人から手紙が届いたため詐欺を疑うなどして、スムー

第3章　申立ての準備　　175

ズに売掛金を支払ってくれない売掛先もあります。このような場合には、代表者や申立代理人から事情を説明し、売掛金の回収に努めましょう。

3 契約関係を処理する

　オープン型の場合には、破産申立前の時期に、法人の契約関係の処理を検討すべきときがあります。破産手続開始決定後に生じた債権は財団債権となるため、無用な契約を維持したまま申立てをしてしまうと、破産財団が減少してしまうからです（破産法 148 条 1 項 2 号）。

　他方で、管財業務において必要な契約を終了してしまうと、破産管財人の管財業務に支障を生じさせるおそれがあります。

　契約関係の処理をする場合には、常に、「破産管財人に引き継いだ際に破産財団の利益につながるか」という視点が必要です。

(1) 事業所を賃借している場合の事前明渡の要否

　法人が事業所を賃借している場合、原則として、賃貸借契約の解約や物件の明渡は不要です。なぜならば、資産や資料を保全するには、事業所をそのまま維持してあるほうが確実だからです。不用意に事業所を明け渡してしまったために、あるはずの資産や資料が散逸してしまうと、取り返しがつきません。

　他方で、事前明渡をしておかないと、その分、管財業務が増えるため、予納金の額も最低額の 20 万円では収まらない可能性が高いです。そのため、予納金捻出の観点から、申立代理人において事前明渡をするケースも考えられます。もっとも、この場合には、資産や資料の保全には細心の注意を払い、明渡に要した費用等の明細を作成して、破産管財人による妥当性のチェックに耐えられるようにしておく必要があります。

(2) リース物件等の引揚げ

　リース契約についても、原則として、そのまま破産管財人に引き継ぎます。もっとも、申立てまでに時間がかかる場合において、管財業務においてリース物件を利用する必要性がないときには、申立前の段階で

リース物件の引揚げに応じることがあります。

　なお、パソコンやサーバー等の情報機器がリース物件の場合には、法人の財務会計や労務管理のデータが保存されていることがあります。これらの情報は管財業務において重要なものなので、引揚げには応じない又は最低限データのバックアップを取っておく必要があります。

　また、自動車のリースや所有権留保の場合には、所有者に対抗要件が備わっているかを確認したうえで引揚げに応じるか否かを検討しなければなりません（本書 50 頁）。

(3) 継続的供給契約

　法人の事業所等に関して、電気、水道、ガス、プロバイダ等の契約をしている場合、原則として、そのまま破産管財人に引き継ぎます。

　もっとも、申立てまでに時間があり、かつ、管財業務において必要性がない契約については、破産財団の減少を防止するために、事前に解約することがあります。この場合には、管財業務に必要な契約まで解約してしまわないように気を付けましょう。

　たとえば、事業所の明渡や事業所内の動産の換価・引揚げが予定されている場合、電気がつかないと作業に支障が生じます。また、事業所内の在庫商品等を保全するために警備契約を維持する必要がある場合には、解約してはなりません。

 実務の鉄則

売掛金を回収して申立費用を確保しよう。また、管財業務に支障がないように気をつけつつ、破産財団減少を避けるために無用な契約は終了させよう。

申立て〜破産管財人への引継ぎ
即日面接を終えたら破産管財人候補者に連絡しよう

> **モデル事例** 　法人破産を申し立てた後の流れは？

〜株式会社 JISO の即日面接後、保須法律事務所にて〜

若井：保須先生、株式会社 JISO の件で電話での即日面接を終えました。

保須：お疲れさま。何か指摘された事項はなどはあったかな？

若井：いえ、事前相談もしていたおかげで、スムーズに進行しました。事前相談で裁判所に伝えていたとおり、本日午後5時付けで破産手続開始決定が出ます。

　　　破産管財人候補者も決まりましたので、連絡を取ります。

保須：ありがとう。破産管財人候補者の先生の都合次第ではあるけれど、事前打合せは株式会社 JISO の事業所で行うこととして、申立書副本は持参して手渡しするのが早そうだね。

　　　事前打合せ前に、裁判所との事前相談で使った事案メモを破産管財人候補者にファックスすることも提案してみるとよいかもしれない。

> **解説**

1 申立書類の編綴と印紙・郵券

　法人破産の場合、申立書類は次の順序で編綴します。

①破産手続開始申立書

②登記事項証明書（発行後3か月以内のもの）

③取締役会議事録又は同意書

④委任状

⑤債権者一覧表

⑥債務者一覧表（売掛先や貸付先などの一覧）

⑦資産目録

⑧報告書（陳述書）

⑨すべての疎明資料（預貯金口座の取引履歴は提出不要。破産管財人に預貯金通帳原本を引き継ぐ）

　債権者（各1通）と申立代理人（2通）宛の宛名入り封筒を添付することは、個人破産と同じです。異なる点としては、法人破産の場合は、印紙1000円（個人破産と異なり免責許可申立てがないため）を貼付します。郵券は、所定の組合せで同封します（本書17頁）。

2 即日面接、官報公告費用の納付

　法人破産の場合も、即日面接の方法や実施時間等は、個人破産と同じです。事前相談をしていれば、進行はスムーズでしょう。最後の事前相談後に新たに生じた事情など、裁判所に伝えておくべき事項があれば、あらかじめ整理しておくことが望ましいです。

　官報公告費用は、所定の金額を納付します（本書17頁）。納付方法は、個人破産と同じです（本書122頁以下）。

3 破産管財人候補者との事前打合せ

　破産管財人候補者と早期に連絡を取り、事前打合せの日時・場所の決定と申立書副本、打合せ補充メモの引継ぎを行うべきことは、個人破産と同じです（本書116頁以下）。

⚖ 実務の鉄則

基本的には個人破産と同じ。事前相談をしていれば、即日面接はスムーズに進むはず。

2

債権者集会終了まで
説明義務に則って誠実に対応しよう

～債権者集会終了後、保須法律事務所にて～

自操：先生方、この度は誠にありがとうございました。

保須：自操さんこそ、本当にお疲れさまでした。

若井：破産管財人からの質問や債権者からの問合せも相当数ありましたが、迅速に対応できたのは自操さんのおかげです。

自操：申立後に母親が倒れた時は、見舞いにも行けないのだろうかと心配でしたが、先生方がすぐに許可を取ってくださったおかげで、母の入院手続や身の回りの世話をすることができました。おかげさまで、母は明日退院することになりました。

保須：それはよかったです。

自操：従業員たちも無事に再就職先が見つかって、元気に頑張っているそうです。それでは、母の退院準備のため、これから実家に戻ります。本当にありがとうございました。

　　　　　　　　　　　　　　　　　　　　　⋮

若井：自操さん、本当にうれしそうでしたね。最初お会いした時よりも、だいぶ顔色が良くなりました。

保須：最初に若井先生に伝えたとおり、破産手続によって自操さんの「経済生活の再生の機会」が確保されたおかげだね。

若井：実際に事件を扱うことで、保須先生に教えていただいたことが実感を伴って理解できました。これからも、破産事件の経験を積んでいきたいです。

保須：頼りにしているよ、若井先生。

　　　　さて、さっそくだけれど、今日の午後、破産の新件の法律

相談があるね。もしよければ、若井先生にも同席を……。

若井：ぜひご一緒させてください！

解説

1 開始決定後の申立代理人の役割

　破産手続開始決定が出ると、破産財団の管理処分権は破産管財人に専属します（破産法78条1項）。そのため、申立代理人が財産の換価等を行うことはありません。

　しかし、破産管財人が換価等を行うにあたって、従前の権利関係の確認が必要になることはよくあります。また、破産会社の代表者は、破産管財人に対する説明義務を負っています（破産法40条1項3号）。

　そのため、申立代理人は、破産管財人から破産財団に関して質問等があれば、誠実に対応しなければなりません（なお、申立代理人自身も説明義務を負います。同項2号）。

2 債権者集会への出席等

　法人破産の場合、代表者が債権者集会に出席します。東京地裁では、代表者による挨拶の機会は原則として設けない運用になっています。そのため、債権者集会の流れは個人破産とほぼ同じです（本書128頁以下）。

　なお、債権者の反感が強い場合は、代表者の服装等にも気を使うほか、事前に裁判所と協議して代表者挨拶の機会を設けてもらう等の対応を検討します。また、代表者に身の危険が及ぶおそれがあるケースでも、警備や避難路の確保等について裁判所と協議する必要があるでしょう。

⚖ 実務の鉄則

申立代理人の仕事は、破産申立てで終わりではない。申立代理人に求められる役割を念頭に、最後まで気を引き締めて対応しよう。

事項索引

著者紹介

永野達也（**ながのたつや**）

永野総合法律事務所　代表弁護士（第一東京弁護士会所属）

(主な経歴)

2012 年 12 月　　弁護士登録
　　　　　　　　　第一東京弁護士会倒産法部会会員
2017 年 1 月　　　永野総合法律事務所開設

(主な著作)

『民事訴訟法判例インデックス』（商事法務、2015 年）（分担執筆）
『振り込め詐欺救済法のポイント』（JA 金融法務 536 号 38 頁）
『逐条 破産法・民事再生法の読み方』（商事法務、2018 年）（分担執筆）
『不動産相続の法律相談』（青林書院、2020 年）（分担執筆）

事例でわかる　リアル破産事件処理

2023 年 10 月 25 日　初版発行
2023 年 12 月 14 日　2 刷発行

著　者────── 永野 達也

発行者────── 佐久間重嘉

発行所────── 学 陽 書 房
　　　　　　　〒 102-0072　東京都千代田区飯田橋 1-9-3
営業部────── TEL 03-3261-1111 ／ FAX 03-5211-3300
編集部────── TEL 03-3261-1112
　　　　　　　http://www.gakuyo.co.jp/

ブックデザイン／スタジオダンク
本文 DTP 制作／越海辰夫
印刷・製本／三省堂印刷

依頼者を受け止め、納得を得るための事例集！

弁護士と依頼者とのコミュニケーションにスポットを当て、実務で直面する「困った場面」や「特に丁寧な対応が求められる場面」をピックアップ。依頼者にどう話せばより良いかを「通常の対応例」と「工夫例」を比較しながら解説。

こんなときどうする
法律家の依頼者対応

京野哲也［編著］／中川佳男・岡直幸・沖田翼［著］
Ａ５判並製／定価　3,190円（10％税込）

裁判官目線を意識した
実務対応のポイント！

「規範的要件を主張する際のポイントは？」「裁判官の心証形成とは？」「地位確認請求、未払賃金請求、労災請求等の事件類型に必要な基礎知識は？」 弁護士が身につけておきたい、労働訴訟・労働審判に特有のスキル！

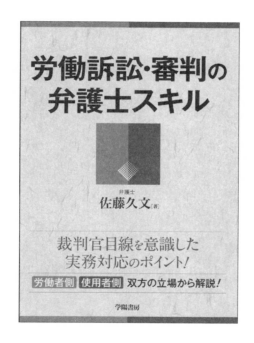

労働訴訟・審判の
弁護士スキル

佐藤久文［著］

Ａ５判並製／定価　2,310円（10%税込）